LE VICE PUNI,

ou

CARTOUCHE,

POËME
HÉROÏQUE, COMIQUE ET TRAGIQUE,
EN 13 CHANTS,

PAR M. GRANDVAL;

SUIVI DE DICTIONNAIRES

ARGOT – FRANÇAIS,

ET

FRANÇAIS-ARGOT.

Raro antecedentem scelestum
Deseruit pede pœna claudo.

———⚹———

PARIS,

Vᵉ DEMORAINE ET BOUCQUIN,

Libraires, succ⁹ de Tiger, rue du Petit-Pont, nº 18,
AU PILIER LITTÉRAIRE.

CAVERNE DE CARTOUCHE.

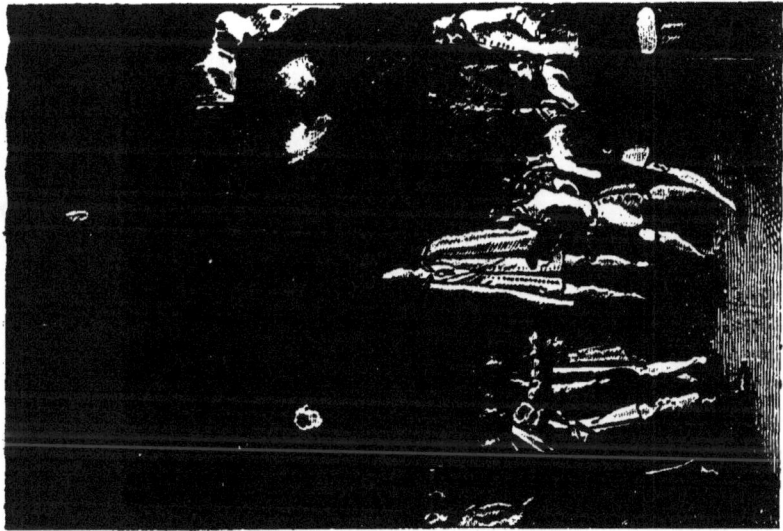

SUPPLICE DE CARTOUCHE.

Une corde au plancher tenait un mannequin
Vêtu d'un bon habit, couvert d'un casaquin.
Sans le faire branler, fallait vider les poches,
Sinon pleuvaient soudain coups de pinips et taloches.

Dans un palais fameux, attentive à te voir
Thémis t'écoutera; puis prononçant ces lois,
Sur un trône élevé, digne de ta vaillance,
Tu recevras enfin ta juste récompense.

AU LECTEUR.

L'AUTEUR du poëme de Cartouche, M. Grandval, dit dans la préface de l'une des nombreuses éditions que, dans le tems, l'ouvrage a obtenues « qu'il se croirait orgueilleux s'il se donnait les airs de redouter la critique, que son œuvre doit tirer toute sa force de sa faiblesse, semblable à ces roquets que les gros dogues dédaignent d'attaquer. » Cette humilité est fort bien à sa place, elle est aussi spirituelle que comique, mais nous, qui reproduisons l'ouvrage de M. Grandval et qui ne devons pas, pour les mêmes raisons que lui, faire le modeste, nous ne craindrons point d'ajouter « que le poëme de Cartouche est l'une des parodies les plus gaies et les plus faciles que nous possédions; que les vers, empruntés presque toujours à nos meilleurs auteurs, y sont fort bien ajustés et que les peintures n'y manquent ni de verve ni de coloris.»

Nous avons pensé qu'à une époque où le Mélodrame venait de remettre le nom de

Cartouche en si grande célébrité, nous ne pouvions espérer qu'un plein succès pour cette débauche d'esprit, qui mérite on ne peut mieux ce nom, puisque l'esprit y brille. Nous le répétons avec assurance, qui que vous soyez, ami lecteur, vous avez lu des choses plus sérieuses et qui ne valaient pas autant.

Quelques termes d'argot se trouvant semés dans le poëme, nous avons cru devoir les mettre en caractères italiques, et terminer cet ouvrage par un Dictionnaire *Argot-Français* et *Français-Argot*. Quelque jugement que l'on porte sur ce complément de l'ouvrage de M. Grandval, on conviendra que les gens de la meilleure société peuvent, en quelques circonstances, se trouver fort bien de connaître le langage de la mauvaise. Un général, que nous connaissons, aujourd'hui revêtu des plus hautes dignités, n'a dû son salut, un soir, qu'il revenait à pied, seul et sans armes, de sa maison de campagne, qu'à la connaissance de quelques mots d'argot qu'il avait entendus, alors qu'il était soldat, pendant les guerres de notre révolution. Puisse ce Dictionnaire, vous rendre au besoin, Lecteur bénévole, un aussi grand service.

CARTOUCHE.

CHANT PREMIER.

Je chante les combats et ce fameux voleur,
Qui, par sa vigilance et sa rare valeur,
Fit trembler tout Paris, arrêta maint carrosse,
Vola, frappa, tua, fit partout plaie et bosse.

Muse, raconte-moi par quels heureux hasards
Il trompa si souvent les exempts, les mouchards,
Et comme enfin, après tant de vaines poursuites,
Il reçut le loyer de ses rares mérites.

Dans Paris, ce beau lieu toujours si fréquenté,
Personne ne pouvait marcher en sureté;
Cartouche et ses suppôts, de richesses avides,
Remplissaient la cité de vols et d'homicides.
Les archers les plus fiers et les plus valeureux,
Abattus, consternés, n'osaient marcher contre eux.

Cartouche était pour lors à la fleur de son âge,
Brun, sec, maigre, petit, mais grand par le courage;
Entreprenant, robuste, et rempli de valeur,
A travers les périls il courait sans frayeur;
Il avait de vigueur provision très ample.
Marchait toujours devant, montrait à tous l'exemple,
S'il se faisait en tout vingt vols sur le Pont-Neuf,
Cartouche, pour sa part, en rapportait dix-neuf.
Heureux si ce grand cœur détestant l'injustice,
Eût fait pour la vertu ce qu'il fit pour le vice.

Ses compagnons savans à faire un digne choix,
L'avaient élu pour chef d'une commune voix,

Aussi méritait-il cette honorable place.
Quoique jeune, il avait cette ardeur, cette audace,
Qui sait conduire à fin les plus hardis projets.
Il avait l'œil à tout, ne reposait jamais :
Soutenant tout le poids de la cause commune,
Et contre la justice et contre la fortune :
Chéri dans son parti, des exempts respecté,
Cédant selon les tems, mais toujours redouté ;
Vaillant dans les combats, savant dans les retraites,
Ferme dans le malheur, sobre dans les guinguettes,
Fidèle à ses pareils, tranquille, modéré,
Et des traîtres surtout ennemi déclaré.
    Jouait-il quelquefois dans une académie ?
Tout le monde admirait sa physionomie ;
Sa douceur, son parler, son air, son doux maintien,
Bref, chacun le prenait pour un homme de bien.
Faut-il que sur le front d'un gibier de galère,
Brille de la vertu le sacré caractère !
Et ne devrait-on pas, à des signes certains,
Reconnaître le cœur des pendards, des coquins ?
Mais poursuivons. Un jour, pour eux jour d'assemblée,
La troupe du cabaret par son ordre appelée,
Après que dans son rang chacun se fut placé,
Il leur parlé en ces mots, après avoir toussé :
    O vous ! dont la valeur fut toujours nôtre commune,
Vous, qui courant ma bonne et mauvaise fortune,
Recherchez le butin avec aridité,
Salut, bon appétit, argent, joie et santé.
    Quand j'examine ici, mes très chers camarades,
A combien de périls, à combien d'embuscades
Le destin tous les jours expose nos pareils,
Je ne vous puis trop tôt demander vos conseils.

La guerre a ses faveurs ainsi que ses disgrâces ;
Déjà plus d'une fois retournant sur mes traces,
Tandis que l'ennemi par ma fuite trompé,
Dans ses faibles filets me croyait attrapé,
On m'a vu revenir, chassant cette canaille,
Frapper à droite, à gauche, et d'estoc et de taille.

   Mais tous les jours, dit-on, ne se ressemblent pas.
Rien n'est plus incertain que le sort des combats ;
J'ai trouvé jusqu'ici le destin favorable,
Je suis encore impris, mais non pas imprenable ;
L'histoire nous fournit plus d'un fameux revers ;
Tel croyait tout dompter qui fut chargé de fers.
Faut-il quitter Paris pour éviter la griffe,
Et sur le *grand trimard* aller *battre l'antiffe* ?
Ou dans la ville enfin ayant tant de réduits
Faut-il dormir les jours et travailler les nuits :
Dois-je fuir de ces lieux ? dois-je y braver la foudre ?
C'est sur quoi, compagnons, nous avons à résoudre.
Que chacun donc gardant son rang d'ancienneté,
Dise son sentiment en pleine liberté.

   Alors, Duchâtelet, fameux soldat aux gardes,
Grand mangeur de dindons, grand croqueur de poulardes,
Dit : Puisqu'il est permis de parler librement,
Je vais, sans nul détour, dire mon sentiment.

   Sachez donc, grand guerrier, sachez, grand capitaine,
Que restant dans Paris, votre perte est certaine.
On vous guette ; on n'entend à chaque carrefour
Que : Cartouche est-il pris ? Depuis quand ? De quel jour ?
On ne sait ; mais s'il est une fois dans la trape,
Il sera bien rusé, bien fin, s'il en échappe.

   Quittez, quittez seigneur, cette ingrate cité,
Qui voudrait vous voir mort à perpétuité :

Partez , et dérobez par une prompte fuite ,
Votre vie aux fureurs d'une ardente poursuite ,
Ce n'est que pour un tems. Vous ne pouvez douter
Des pleurs que ce départ à tous nous va coûter ;
Mais si pour vous sauver il n'est que ce remède,
Cette vie est pour nous d'un prix à qui tout cède :
Nous devons craindre tout , nous devons tout prévoir,
Plutôt que perdre en vous notre dernier espoir.
Vous savez qu'on a fait sur vous mainte entreprise,
Tant va la cruche à l'eau qu'enfin elle se brise.
Il faut céder au tems , il faut céder au sort ;
Je ne donnerais pas deux liards d'un homme mort.
Que votre cœur fléchisse et se rende à nos larmes ;
Ici votre séjour nous cause trop d'alarmes ;
Le péril est certain ; si vous ne vous hâtez ,
Murmurez, plaignez-vous, plaignez-nous, mais partez.
    Alors , voulant montrer toute sa réthorique ,
Balagny se levant , en ces mots lui réplique :
Ami , tant de prudence entraîne trop de soin.
Je ne sais point prévoir les malheurs de si loin.
Puisqu'enfin notre chef a besoin d'un asile,
En est-il de plus sur que cette grande ville ?
De plus , comment sortir ? Où fuir ? Par quel secret ?
Tout est gardé ; d'ailleurs , on a vu son portrait
Dans les mains des prévôts et des maréchaussées :
On a posté partout des gardes avancées.
    Mais, seigneur, les exempts vous sont-ils inconnus ?
Non, non, dans les dangers ils sont plus retenus,
Vous les verrez toujours , retournant en arrière,
Laisser entre eux et nous une large carrière.
En quels lieux ferions-nous d'aussi grands coups qu'ici ?
Nos projets , grâce au ciel , n'ont-ils pas réussi ?

Pourquoi tenter dehors des courses inutiles,
Quand ces vastes remparts sont pour nous si fertiles ?
Chaque nuit, même aux yeux du guet en faction,
Nous mettons tout Paris à contribution.

Seigneur, ne craignez point de tristes destinées,
Un trop puissant démon veille sur vos années ;
On a dix fois sur vous attenté sans succès,
Et parmi tant d'exempts il n'est plus de Desgrès.
Restez ; de plus en plus rendez-vous formidable ;
Soyez toujours fameux, et toujours imprenable :
Que les archers, pressés de l'un à l'autre bout,
Doutent où vous serez, et vous trouvent partout.
Allez au bal, au cours, au spectacle, à la foire ;
Plus grands sont les périls, et plus grande est la gloire.
La pousse trouve en vous un fatal ennemi,
Plus conjuré, plus craint que ne fut Guilleri* :
Bravez tous les revers, forcez tous les obstacles ;
Il n'appartient qu'à vous d'enfanter des miracles ;
Marchez à notre tête, avec ce camp volant,
Vous serez redoutable à l'égal de Roland.

Le vaillant Rodomont, cet homme infatigable,
Limosin, la Valeur, furent d'avis semblable ;
Le beau Pelissier, si connu dans Lyon,
Belle-Humeur, Bras-de-Fer, ce hardi champion,
Tous donnèrent leur voix pour rester dans la ville.

Cartouche alors se lève, et dit d'un air tranquille:
N'en délibérons plus, c'en est fait, mes amis,
Je passe au plus de voix, demeurons dans Paris ;
Remplissons-y ses murs du bruit de notre gloire,
Ou, s'il y faut périr (ce que je n'ose croire),

---

* Fameux voleur du 16e siècle.

1*

Périssons-y du moins les armés à la main.

Ça, messieurs, partageons un peu notre butin.
Alors chacun se fouille, et rapporte à la masse
Le produit de l'adresse, ainsi que de l'audace.
Ils partagent entre eux le butin de la nuit ;
Qui, pour cette fois là, ne rendit pas grand fruit.

Le général, voyant tromper son espérance,
Grondant entre ses dents, fait voir sa défiance.

Ah ! dirent-ils, chassez ces soupçons outrageans,
Vous n'avez dans ce lieu que des honnêtes gens ;
Nous en jurons. Et bien, dit-il, je veux le croire,
N'en parlons plus, allez vous reposer et boire.
Au reste, vous savez qu'il se faut tenir prêts,
Pour ce grand coup de main dans l'hôtel Desmaretz.
Si nous réussissons au gré de notre envie,
Nous serons enrichis pour toute notre vie ;
Les bijoux précieux s'y trouvent à foison ;
Les sacs d'or et d'argent roulent dans la maison.

Je ne vous flatte point, le péril est terrible ;
Mais, que n'entreprend point un courage invincible ?
Je sens naître en mon âme un favorable espoir ;
Soyons prêts pour tantôt ; marchons, et sans prévoir
Les coups de la fortune, ou propice ou funeste,
Faisons notre devoir, elle fera le reste.

CHANT DEUXIÈME.

CARTOUCHE sachant mettre à profit ses loisirs,
Attendant le travail, se livrait aux plaisirs ;
Entre Mars et l'Amour, tout son tems se partage.
Dans une rue étroite, au quatrième étage,

Logeait depuis un an, vers le Palais-Royal,
Une fille de bien qui se gouvernait mal.

Cartouche fréquentait cette tendre poulette,
Coquine, s'il en fut, d'ailleurs assez bien faite.
Œil fripon, petit nez retroussé, teint fleuri,
Friande d'un amant bien plus que d'un mari,
Fourbe au dernier degré, mutine jusqu'à battre,
Menteuse comme trois, coureuse comme quatre;
Son cœur fut captivé par ce jeune tendron,
Que chacun appelait la grande Jeanneton.

Elle s'entretenait avec une voisine,
Bonne pièce, égrillarde et de même farine,
Attendant le moment qui devait amener
Son cher avec lequel elle devait dîner.

Songeant à son mignon, l'eau lui vient à la bouche;
Elle ne peut parler que de son cher Cartouche.
Qu'il est fier, qu'il est grand! T'es-tu fait raconter
Le nombre des exploits... Mais qui les peut compter?
Qu'il reste dans Paris, qu'il batte la campagne;
Son courage le suit, sa valeur l'accompagne;
Sa prudence, ses soins et son activité,
Me charment plus cent fois que ne fait sa beauté.
En quels lieux n'a-t-il pas entraîné la victoire?
Dans les murs, hors des murs, tout parle de sa gloire;
Le ciel me le devait pour combler mes plaisirs.
Lui seul sait contenter mes plus ardens desirs.
Je vais bientôt le voir. Hé bien! chère Nanette,
Conçois-tu les transports de l'heureuse Jeannette?
Qu'il me tarde déjà de me voir près de lui!
Je ne l'ai point encore embrassé d'aujourd'hui.
Ne serait-ce pas lui, ma Bonne, qui se mouche?
Non. Tout ce que j'entends me semble être Cartouche.

Que ne puis-je nombrer ses exploits, ses travaux ?
Combien de fois... A peine elle achevait ces mots,
Il arrive, et soudain chacun se met à table ;
Le vin fut excellent, l'entretien agréable.

Cartouche, bien repu, voyant l'heure à peu près,
Qu'il fallait travailler dans l'hôtel Desmaretz ;
Il est tems, Jeanneton, dit-il, que je te quitte,
De mes braves amis je vais joindre l'élite :
Je reviendrai dans peu ; compte sur un habit,
Et sur un beau jupon si le cas réussit.

Sa Jeanneton qui l'aime, et l'aime pour lui-même,
N'envisageant alors que son péril extrême,
Comme il allait sortir, vite après lui courut,
Et pour le retenir fit tout ce qu'elle put.
Mais à la fin voyant qu'il méprisait ses craintes,
Qu'il était insensible à ses cris, à ses plaintes :
C'en est donc fait, tu pars, tu braves ma douleur,
Tu cours, infortuné, tu cours à ton malheur.
Je n'ai, pour t'arrêter, que d'inutiles charmes ;
Ingrat, mets-tu ta gloire à mépriser mes larmes ?
Quoi, ta maîtresse en pleurs, toute prête à mourir,
Ne saurait t'arracher cette ardeur de courir !
J'ai méprisé pour toi le nom d'honnête fille ;
Je t'ai cherché moi-même au fond de la Courtille ;
Au nom de notre enfant, de ce gentil poupart ;
Diffère au moins d'un jour ce funeste départ.
Crains les archers, ce guet si vaillant, si terrible ;
Mais je te prie en vain, tu parais inflexible ;
Sur ton barbare cœur mes pleurs sont sans pouvoir.

Ce n'est, répondit-il, qu'à la loi du devoir,
Qu'il faut, ô Jeanneton ! qu'un grand cœur obéisse :
Crois-moi, sèche tes pleurs, que leur source tarisse.

Je n'oublierai jamais les solides plaisirs,
Dont ton amour prodigue a comblé mes desirs.
Avant que tes faveurs sortent de ma mémoire,
On verra sans filous et l'une et l'autre foire ;
Mais l'heure enfin s'avance, il faut quitter ce lieu.
Adieu, ma Jeanneton, adieu, ma reine, adieu.

Il la quitte à ces mots : Jeanneton effarée,
Demeure le teint pâle et la vue égarée,
Et pensant déjà voir son amant au cercueil,
S'arrache les cheveux ; veut se pocher un œil.

Sa compagne Nanette, experte et bonne langue,
Lui saisit les deux mains, lui parle, la harangue ;
Lui laisse prudemment jeter son premier feu ;
Pour y mieux réussir, met l'amour-propre en jeu ;
Fait voir adroitement à cette désolée,
L'horreur d'un œil poché, d'une tête pelée.

Jeanne revient un peu, goûte fort ses discours,
Et de son désespoir interrompant le cours,
Tu vois, dit cette amante, en quel siècle nous sommes.
Voilà, voilà comment nous traitent ces chiens d'hommes
Voilà ce qui nous reste, et l'ordinaire effet,
Le prix le plus commun de l'amour satisfait.
Tant que nous tenons bon, nous sommes souveraines,
Les gueux sont à nos pieds, ils nous traitent de reines ;
Dès que nous nous rendons, ils sont rois à leur tour.

Ton Cartouche pour toi ne manque point d'amour,
Dit Nanette ; s'il court à cet exploit insigne,
Par-là de tes faveurs il veut se rendre digne ;
Tu le verras ce soir. Elle s'apaise enfin,
Et prend par complaisance un doigt de brandevin.

Cartouche, d'autre part, joint ses gens dans la rue,
Qui, pestant contre lui, faisaient le pied de grue ;

Ils s'avancent sans bruit autour de la maison,
Entrent, passent la cour, gagnent une cloison.

De leur dessein le maître ayant eu connaissance,
Avait fait avertir le guet en diligence.
Tout leur paraît tranquille, et l'on leur donne beau
Pour les faire tous mieux tomber dans le panneau.
Un de leurs espions, alerte et fort ingambe,
Nommé le Ratichon, accourt à toute jambe,
Et dit qu'il vient de voir grand nombre de recors,
En bon ordre rangés, s'emparer des dehors;
Qu'il en a vu plus loin encor d'autres brigades,
Aux lieux circonvoisins se mettre en embuscades.

Cartouche, à ce discours, dit : Nous sommes trahis;
Allons, de la vigueur, courage mes amis,
Tenons ferme : il descend, s'approche de la porte,
Insulte fièrement leur nombreuse cohorte.
Paraissez, leur dit-il, archers, recors, exempts,
Et tout ce que *la pousse* a nourri de vaillans.
Unissez-vous ensemble, et faites une armée,
Vous allez éprouver ma force accoutumée;

Il dit, et sur-le-champ il vole, fond sur eux
Comme un aigle vaillant sur des cygnes peureux :
A travers les périls sans crainte il s'abandonne;
Rien ne peut l'arrêter, nul danger ne l'étonne.

Duchâtelet muni d'un court et gros bâton,
Envoie, en un instant, deux archers chez Pluton;
Pelissier, armé d'une longue rapière,
A trois autres bientôt fait mordre la poussière,
Et, jurant Mahomet, la fureur dans les yeux,
Il fait lâcher le pied aux plus audacieux.

Du fameux Balagny la valeur indomptée,
Repoussait de Bourlon * la troupe épouvantée.

---

* Fameux exempt.

Gripaut portait partout un assuré trépas :
Les exempts ébranlés fuyaient devant ses pas.
Soudain de mille morts affrontant la tempête,
Le vaillant Panetier dans sa course l'arrête :
Ils fondent l'un sur l'autre à coups précipités ;
La victoire et la mort volent à leurs côtés.
Mais la foule, à l'instant, trahissant leur attente,
Leur fait porter ailleurs l'horreur et l'épouvante.

Je me sens déjà las, mon style s'affaiblit ;
Ma verve m'abandonne, et ma plume mollit.
Pour finir dignement cet exploit militaire,
A mon secours Oudard, Saint-Didier et Voltaire.

Cartouche, cependant, comme un autre Amadis,
Encourage les siens, abat les plus hardis ;
Ses grands coups se font craindre à Pégal des tempêtes,
Il court et fend partout jambes, cuisses et têtes.

Tel dans la Thrace on vit autrefois le dieu Mars
Porter rapidement la mort de toutes parts ;
Ou, tel on vit jadis, armé de son tonnerre
Jupiter écraser les enfans de la Terre.
Limosin, Madeleine, Harpin, et la Terreur
Sèment à ses côtés le carnage et l'horreur :
Ils suivent, à l'envi, d'un courage intrépide,
Ce chef, dont la valeur les enflâme et les guide :
Tout s'écarte, tout cède à leurs coups vigoureux ;
Et la victoire enfin se déclare pour eux :
Jamais elle ne fut et plus belle et plus ample.
En se félicitant, chacun, charmé, contemple
La plupart des archers vaincus et renversés ;
Sous leurs coups expirant, l'un sur l'autre entassés.

Le reste, épouvanté, fuyait rempli de rage,
Lorsqu'un nouveau renfort relève leur courage.

Cartouche alors leur lance un regard furieux,
Combat sur nouveaux frais, et fait tête en tous lieux.
Contre tant d'ennemis que sert tout ce qu'il tente?
Sa force diminue, et leur nombre s'augmente:
Il trouve à chaque pas un monstre renaissant,
Et pour dix qu'il abat, il en reparaît cent.

Les assaillants, certains de remporter la place,
Sentent de plus en plus renaître leur audace:
Cartouche, en vain, combat toujours avec chaleur,
Le nombre, tôt ou tard, accable la valeur.

Dans ce péril pressant, il songe à son asile;
Grimpe à la cheminée, et court de tuile en tuile.
Le reste des voleurs, en cette extrémité,
Suit l'exemple du chef, et fuit de son côté.

Il s'arrête non loin de ces forêts antiques
Où des seigneurs bretons sont les châteaux gothiques.
Une vieille, en ces lieux, habite une maison
Modeste, mais commode, aimable garnison,
Où va notre héros, pour nouvelle victoire,
Dépouiller un moment les rayons de sa gloire;
Attendant que le guet, de son départ surpris,
S'endorme..... Et lui permette un retour à Paris.

CHANT TROISIÈME.

L'HOTESSE de Cartouche avait prêté sur gage;
Et, grâce au revenu d'un pareil tripotage,
Elle tenait maison avec beaucoup d'honneur.
Les exploits du héros touchèrent son grand cœur;
Elle approche de lui, puis tendrement l'embrasse,
Il présente l'oreille en faisant la grimace.

Elle met tous ses soins à le désatrister.
Attendant le souper qu'elle fait apprêter,
Ils boivent quatre coups, mangent une salade,
Puis, après avoir fait un tour de promenade,
Rentrons tous deux, dit-elle, et prenez du repos ;
Je veux vous raconter ma vie, en peu de mots ;
Mais j'espère, à mon-tour, une pareille grâce.
Puis se mouchant, toussant, crachant de bonne grâce,
(A ce qu'elle croyait), le fait seoir sur son lit,
S'y place, et par ces mots commence son récit :

Je ne me dirai point d'une maison brillante ;
Mon père était laquais, ma mère était servante ;
Elle ferrait la mule admirablement bien.
Sitôt qu'elle se vit un raisonnable bien,
Elle s'achète un meuble avec quelque vaisselle,
Loue une belle chambre, et m'y loge avec elle.

Je n'avais pas dix ans, lorsque pour certain vol,
Mon malheureux papa fut pendu par son col ;
Pour surcroît de malheur, dans la suivante année,
Un frère que j'avais, eut même destinée.

Ma mère, en son vivant, avait reçu des cieux
Poil noir, teint basané, gros nez et petits yeux ;
Assez brillans pourtant, col court, carrure large,
Grosse jambe et longs pieds répondant à leur charge ;
Nonobstant ces défauts, elle eut plus d'un amant ;
Elle avait de l'éclat, un certain enjouement.

Maman trépasse ; alors je me vois ma maîtresse,
Et je mets à profit ma beauté, ma jeunesse :
Je suivis ses leçons, les pratiquai si bien,
Que, grâce à mes talens, je ne manquai de rien :
J'étais d'adorateurs jour et nuit obsédée,
Gros bourgeois, courtisans, robins et gens d'épée ;

Heureuse , si toujours contente de charmer ,
J'eusse pû jusqu'au bout me défendre d'aimer.

    Je gagnais de l'argent , et je faisais grand'chère ;
Certain jeune mignon , hélas ! sut trop me plaire :
C'était un écolier , galant , joli , bien fait ,
Mais escroc : en deux mois , il mangea tout mon fait.
C'est dommage , entre nous , qu'il eût l'âme si basse !
On l'eût pris , sans mentir , à son air , à sa grâce ,
A son joli menton , non encor cotonné ,
Pour le jeune Apollon , ou Cupidon l'aîné.

    J'avais , pour cet ingrat , écarté tous les autres ,
Les envoyant tretous , comme l'on dit , aux piautres.
Je les voulus ravoir , j'en eus le démenti :
Chacun d'eux , par malheur , avait pris son parti.

    Il m'en vint un nouveau qui me parut fort sage ;
Mais il était jaloux , jaloux jusqu'à la rage.
Je le quitte , et je trouve un vieillard amoureux :
Il s'efforçait en tout de répondre à mes vœux ;
Le bonhomme faisait ce qu'il pouvait pour plaire ;
Mais comme il n'est rien tel que d'être un peu sévère ,
Pour le mieux enflammer , je m'armai de rigueurs :
Il n'en vint de longtems aux dernières faveurs.

    Je fus huit jours encore à faire l'inhumaine ;
Je consentis enfin à soulager sa peine ;
Je mis à nu bientôt et chambre et cabinet ,
Et je lui mangeai tout , robe , lit et bonnet.
Quand je le vis à sec , et si mal à son aise ,
Je l'envoyai pour lors au diable avec sa fraise.

    Un petit partisan , vilain , jaloux , quinteux ,
Obstiné comme un diable , et mutin comme deux ,
Malpropre autant que douze en mine , barbe et linge ,
Plus bête qu'un baudet , et plus laid qu'un vieux singe

Mais, malgré tout cela, fort prévenu de soi,
Tomba, subitement, amoureux fou de moi :
Lorsqu'il me rencontrait ; bonjour, beauté brillante,
Toujours plus gracieuse, et toujours plus charmante
Que tout ce que mes yeux ont vu de plus charmant.
A ces mots, je baissais les yeux modestement.

    Une femme en laquelle il avait confiance,
Lui prôna ma vertu ; malgré la médisance,
Elle sut sur ce point lui rassurer l'esprit.
Il ne faut pas toujours croire tout ce qu'on dit,
Lui disait-elle. Allez, elle a de la sagesse,
Plus qu'il n'en faut pour faire une demi Lucrèce :
Mais il faut dire oui pour être jouissant.
Tâtez-vous ; votre amour serait-il si pressant.
Puisque vous m'assurez, reprit-il, qu'elle est sage ;
Concluons au plutôt, brusquons le mariage ;
S'il n'est d'autre moyen pour en venir à bout.

    Mon amie, à l'instant, me rend compte de tout ;
Me dépeint ses tourmens, sa violente flamme,
Et comme il se résout à me prendre pour femme.

    Malgré tous ses défauts, voulant faire une fin,
Je l'épouse, et me lie enfin à son destin.
Voilà donc tout d'un coup ma fortune assurée,
Du lit d'un maltotier je me vois honorée :
On me porte la queue et de bonne façon.

    J'eus, au bout de huit mois, un bel et gros garçon.
Il ne ressemblait pas, disait-on, à son père.
Le bonhomme, enchanté, ne s'inquiéta guère
De cet accouchement, quoiqu'un peu trop subit ;
Puisqu'on vient à sept mois, on peut venir à huit,
Disait-il : ça, buvons force jus de la vigne ;
Il but tant, qu'il en eut une fièvre maligne

Des plus fortes. Malgré les soins qu'on apporte,
Au bout de quatre mois la fièvre l'emporta.

Je voulus vivre alors avec magnificence ;
Enfin, je fais si bien par ma folle dépense,
Que je vois tout mon bien s'éclipser chaque jour ;
Il venait de la flûte, il retourne au tambour ;
C'est l'ordre. Je reprends mes premières allures ;
Il m'arrive par fois de bonnes aventures ;
Par fois aussi les tems et la nécessité
Me font à juste prix prodiguer ma beauté.

Mon fils se faisait grand : dès sa quinzième année,
Il fit voir qu'il avait l'âme noble et bien née ;
Il *jaspinait* argot encor mieux que français,
Il volait joliment, il avait du succès.
Peut-être il me sied mal de tenir ce langage,
Mais à la vérité je dois ce témoignage.
Il avait des vertus, et si de ses beaux jours,
La justice, à Paris, n'eût abrégé le cours,
Sans doute aux grands exploits son âme accoutumée,
Eût de Cartouche un jour atteint la renommée.

Je continuai donc pendant un fort long tems
Et mon train ordinaire, et mes doux passe-tems.

Un jour, des jeunes gens chez moi firent tapage,
Ce qui scandalisa très fort le voisinage ;
La justice l'apprit par certain animal,
Et voulut, sans pitié, me mettre à l'hôpital.

Jà la brunette nuit développant ses voiles,
Conduisait par le ciel le grand bal des étoiles.
Je vois entrer le guet dans ma chambre, en vertu
D'un pouvoir souverain dont il est revêtu.
Trois de mes protecteurs s'arment pour me défendre ;
Mais le nombre l'emporte, et les force à se rendre.

Que les archers sont fiers quand ils sont les plus forts !
Je dis au caporal : Monseigneur le recors,
Pourrais-je vous toucher avec ces dix pistoles ?
Son âme s'attendrit à mes douces paroles.
Allez-vous en, dit-il, sauvez-vous promptement ;
Mais sortez de Paris dès ce même moment.
Je dirai que dès hier vous êtes délogée.
A suivre ce conseil j'étais trop engagée ;
Je prends sans balancer ce que j'avais d'argent,
De papiers, de bijoux, et d'un soin diligent,
Tous quatre de Thémis appréhendant les pattes,
Sans bruit nous faisons Gille avec nos dieux pénates,
Ou, pour parler plus juste, avec nos nos dieux pénaux,
Je fis à mes amis présent de trois anneaux ;
C'est-à-dire à chacun d'une bague assez belle ;
Je les quitte, et depuis n'en ai point eu nouvelle.

    Je me trouvais en fonds par mes soins, dieu merci ;
Laverne * m'inspira de m'établir ici ;
De bien d'autres faveurs je lui suis redevable,
Depuis longtems j'y mène une vie agréable ;
L'âge, tous mes desirs a su moriginer.
Dit-on moriginer, où bien morigéner,
Dit Cartouche ? Ma foi, dit l'autre, peu m'importe.
Je passe, mon enfant, mes jours de cette sorte.

    A votre tour, daignez m'apprendre maintenant
Ce que vous avez fait de beau, de surprenant ;
J'en sais déjà beaucoup. L'agile renommée
De vos faits valeureux m'a souvent informée ;
Mais sa maudite langue en sa légèreté,
Barbouille le mensonge avec la vérité.

---

* Déesse des voleurs.

Jasez-donc : faites-moi cette faveur extrême ;
Vous seul pouvez parler dignement de vous-même,
Par avance mon cœur se sent d'aise émouvoir.
Vous avez, repliqua Cartouche, tout pouvoir ;
Et puisque vous voulez un récit de ma vie,
Je vais, si je le puis, contenter votre envie.

   Là dessus, il se met à rêver un petit,
Et puis d'un air aisé, commence son récit,
Comme nous l'allons voir dans le champ quatrième
De ce très véridique et merveilleux poëme.

CHANT QUATRIÈME.

   Mon père est tonnelier, nous sommes trois enfans ;
Je suis l'ainé de tous. Dès mes plus jeunes ans
Mon père ayant de moi la plus haute espérance,
Avec un soin extrême éleva mon enfance ;
Heureux, si de ses soins j'avais su profiter !
Mais le mauvais exemple ayant su m'emporter,
Ruisseau sale et bourbeux d'une si pure source,
Dès l'âge de onze ans, je fus coupeur de bourse,
Par deux petits fripons je fus embabouiné ;
Sans presque le vouloir, je me trouve entralué ;
Faute de résister, je tombe dans le piège.
J'allais assidûment néanmoins au collége.
On apprit de mes tours. Quoiqu'ils fussent gentils,
On me fouetta de peur qu'il ne m'arrivât pis ;
Je m'enfuis de Paris, je quitte père et mère,
Trouve des bohémiens qui me font grande chère,

e disent que je dois m'enrôler avec eux,
t qu'étant de leur corps, je vivrai trop heureux.
ous menons, disaient-ils, une agréable vie,
ous mangeons, nous dormons au gré de notre envie ;
ous sommes, par notre art, maîtres de l'univers,
ous jouissons des fruits, des fleurs, des arbres verts,
es plus riches moissons nos mains sont toujours pleines
os maisons sont les bois, nos jardins sont les plaines ;
ccupés du présent, et peu de l'avenir,
a nature prend soin de nous entretenir ;
e ciel, pour nos besoins, rend la terre féconde ;
ous rappelons le tems de l'enfance du monde ;
ref, nous possédons tout, et riches nous vivons,
achant nous contenter de ce que nous trouvons.

Le récit des plaisirs d'une si douce vie,
De marcher sur leurs pas me fit naître l'envie ;
Sans tarder plus longtems, je me lie avec eux,
Nous courons le pays pendant un an ou deux ;
Pillons Orléannais, Champagne, Picardie ;
Mais nos gains les plus grands furent en Normandie :
Ce fut là que j'appris cent tours que j'ignorais ;
Enfin, vers ma fortune, à grands pas je courais,
Deux ou trois ans encore, elle eût été bien grande,
Mais certain parlement vint dissiper la bande.

Je me sauve à Rouen ; que j'étais peu sensé !
Pauvre cervelle ! A-t-on jamais plus mal pensé ?
Chercher parmi l'effroi, la guerre et les ravages,
Un port au même lieu d'où partaient les orages !
A Rouen cependant je trouvai mon salut ;
Un oncle que j'avais, et qui me reconnut,
Sut tant prêcher, qu'enfin il me mène à mon père,
Après s'être fait fort d'apaiser sa colère.

Nous partons pour Paris. Mon oncle fait ma paix ;
Je dis que je voulais vivre mieux désormais.
A changer tout de bon j'applique mes pensées ;
J'avais quelques remords de mes fautes passées ;
Je voulus rappeler l'honneur, la probité,
Et j'admirais du ciel quelle était la bonté,
De m'avoir retiré du bord du précipice.
Le destin de Cartouche est de suivre le vice,
Mais son cœur était fait pour aimer la vertu.
Chez mon père j'étais bien nourri, bien vêtu,
Je travaillais sous lui d'une ardeur sans seconde,
Mon assiduité ravissait tout le monde :
Mais las ! vous le dirai-je ! un accident fatal,
En moins d'un tourne-main, changea ce bien en mal ;
Adieu mes beaux projets, que jeunesse est légère !
     Dans nôtre rue était une jeune lingère ;
Ah ! quelle était gentille, et que son air vainqueur,
Par une douce force assujettit mon cœur !
Elle avait l'œil fripon, la mine un peu coquette.
La bouche bien garnie, et la gorge bien faite,
Le teint assez uni, et les cheveux blondins,
Le pied assez petit, le geste assez badin,
Un gracieux sourire, une humeur gaie et franche,
Un minois enchanteur, une peau douce et blanche ;
Ces yeux charmans, ces yeux de feu tout pétillans ;
Quand la friponne veut, qu'elle les a brillans !
     Un dimanche, voyant la boutique entr'ouverte,
J'entre ; elle était bras nus, gorge assez découverte,
Couverte assez pourtant pour faire désirer ;
Je sentais trop d'amour pour pouvoir différer.
     Que ne fis-je point lors pour vaincre tant de charmes ?
Je soupirai, pleurai ; car j'ai le don des larmes.

Déjà je vois ses bras abattus, languissans,
Je vois dans ses regards mille troubles naissans.
Enfin, elle me dit, et d'une voix mourante :
Cartouche, c'en est fait, ta flamme est triomphante ;
Tu peux le reconnaître au trouble de mes sens.
Je ne puis plus cacher l'amour que je ressens.
Si longtems on me vit dédaigneuse, farouche,
Mes yeux alors, mes yeux n'avaient pas vu Cartouche.
Soyez discret, fidèle, et faites que mon cœur
Ne se repente point de sa facile ardeur.

Pour bien entretenir ma petite lingère,
J'attrapais tous les jours quelque chose à mon père ;
A différentes gens je dérobais encor,
Mouchoirs, étuis, flacons, et tabatières d'or ;
Pour faire de l'argent, je mis tout en pratique.

Mon père me trouvant si peu dans la boutique,
Et me voyant mieux mis qu'à moi n'appartenait,
Sans me rien témoigner de ce qu'il soupçonnait,
Sans faire aucun semblant, sans bruit, sans dire gare,
Me voulut, pour mon bien, coffrer à Saint-Lazare ;
Et dès le lendemain, sans attendre plus tard,
On me devait livrer au bon frère Frapard.

Je ne sais pas comment j'appris sa manigance,
Mais enfin je l'appris. Je prends en diligence
Tout mon petit butin, bijoux, montre, argent, or ;
Cela fait, le gaillard s'enfuit et court encor.
Je change de quartier, renonce à ma lingère,
Qui n'était pas sans doute une perte légère ;
Mon cœur en saigne encor. Je ressens vos ennuis,
Dit la vieille, et vous plains autant que je le puis.
La fortune sur nous exerce sa puissance,
Et n'a rien de constant que sa seule inconstance :

Cartouche.   2

Un grand cœur ne doit point en paraître altéré,
A tout événement le sage est préparé.
Mais, de grâce, achevez l'histoire commencée.
    Pour la reprendre donc où nous l'avions laissée,
Repart-il : Je sortais d'une église un matin,
Fort content d'avoir fait un honnête butin.
Je vois certain croquant au détour d'une rue
Se planter devant moi, droit comme une statue :
Il m'examinait fort, en fronçant le sourcil.
Dès que je fus fort près : La bourse, me dit-il,
Je mets flamberge au vent, vaillant comme un Pompée :
Ma bourse est, repartis-je, au bout de mon épée :
C'est assez, reprit-il, je suis content de vous.
Mon brave, contre moi n'ayez point de courroux.
Je vous ai vu tantôt travailler dans la presse,
Et vous n'avez pas moins de valeur que d'adresse.
Il m'embrasse à l'instant, il m'offre ses conseils ;
Puis, ayant aperçu quelqu'un de ses pareils
Qui venait à grands pas lui parler à l'oreille,
Il me quitte en disant : Vous allez voir merveille.
Attendez un moment, mon cher, ou suivez-moi.
Je le suis de la vue, et soudain je le voi
Guigner un Allemand au milieu de l'église.
Il l'observe, il l'approche, il le joint, fait sa prise.
Il revient, et présente à mes yeux éblouis
Un réseau tout rempli de beaux doubles louis,
Et m'invite d'aller les partager ensemble ;
Dieu veuille garder mal quiconque lui ressemble.
Je suis mon conducteur, sans me faire prier ;
Nous enfilons un sombre et petit escalier ;
Nous arrivons tous deux dans un troisième étage ;
J'y trouve deux gaillards d'un assez beau visage,

Qui me font en entrant force civilités ;
Louis sont partagés aussitôt qu'apportés.
On sert un grand dîner, on mange à toute outrance,
Le vin se trouve bon, on trinque d'importance ;
Tous quatre nous faisons très bien notre devoir.

Pendant ce bon repas, qui dura jusqu'au soir,
Mon ancien me fit cent questions diverses
Sur ceci, sur cela ; quels étaient mes commerces ;
Si je voyais quelqu'un de la profession ;
Moi qui n'en voyait point, je répondis que non.
Il me gronda bien fort, et fut presqu'en colère
De voir que je volais ainsi qu'un Solitaire *.
Il me représenta, comme un homme avisé,
Les périls éternels où j'étais exposé :
Qu'il fallait faire choix d'amis pleins de vaillance,
Qui pussent au besoin me servir de défense.

J'entrai dans ses raisons, je cherchai son appui,
Et je lui proposai de m'unir avec lui :
Je veux, me répond-il, pour vous encor plus faire,
Il faut que dès ce jour vous soyez mon beau-frère :
Vous voye devant vous mon épouse Fanchon,
Epousez-moi sa sœur, la charmante Michon,
Lions-nous à jamais d'une amitié parfaite :
J'y topai sur le champ, et la chose fut faite.

J'avais lors dix-sept ans ; la fille me flatta,
Me dit quelques douceurs ; le diable me tenta :
Certain air égrillard me plaisait, ou je meure ;
Enfin, vous le dirai-je? on vit en moins d'une heure,

---

* Il y avait autrefois un fameux voleur qui volait toujours seul, et qui fut pour cela nommé le Solitaire.

Un hymen proposé, célébré, consommé;
Certain point, il est vrai, fut par nous supprimé,
Il ne fut appelé ni prêtre ni notaire.

A quelque tems de là mon digne et cher beau-frère
Vint me dire un matin : Beau-frère si tu veux,
Nous pourrons aujourd'hui faire un bon coup tous deux,
Il faut aller ce soir sans aucune remise
Chez le sieur Gourmandin, chanoine de l'église
De... de..., n'importe : Allons lui voler ses écus ;
Il en a, c'est un gueux riche comme un Crésus :
Il marie aujourd'hui sa fille, la noce
Se fait au Cerceau d'Or ; pendant tout ce négoce
Il nous est très aisé d'entrer dans sa maison :
Allons vite y puiser de l'argent à foison.

Notre petit complot étant fait de la sorte,
Le soir vient ; nous partons, nous crochetons la porte,
Et puis nous employons limes sourdes, marteaux,
Crochets pour enfoncer commodes et bureaux ;
Nous rencontrons enfin ce tortoir aux pistoles,
Et retournons chez nous souper comme des drôles.

Mon aimable moitié m'aimait très tendrement,
Et me garda deux mois la foi fidèlement,
Ensuite me planta fort proprement des cornes :
Sitôt que je le sus, ma fureur fut sans bornes,
Je voulus la tuer, elle et son greluchon ;
Il n'était plus, ma foi, de charmante Michon,
(Puisque charmante y a) sans mon prudent beau-frère;
Innocent, me dit-il, que voulez-vous donc faire?
A la tête d'abord le feu vous va montant :
Fermez, fermez les yeux ; à la charge d'autant ;
Laissez à votre femme exercer son mérite,
Car c'est là ce qui fait bien aller la marmite.

Quand je me mariai, ridicule, jaloux,
J'étais.... j'étais, ma foi, tout aussi sot que vous ;
Mais ma Fauchon m'apprit qu'un commerce agréable
Était pour un ménage un fonds très profitable :
Que sa mère en avait ainsi toujours usé.
Lors en homme prudent, en époux avisé,
Je conclus qu'à tous deux c'était notre avantage :
A notre exemple ici, beau-frère, soyez sage.

Je compris qu'il pouvait avoir quelque raison,
Et ne songeant qu'à faire une bonne maison,
Je reprimai soudain cette humeur trop jalouse,
Et lâchai sur le cou la bride à mon épouse.

Nous goûtâmes six mois un destin assez doux,
Mais un triste accident vint nous séparer tous.
Lorsque nous ne songions qu'à faire nos affaires,
La justice envoya mon beau-frère aux galères ;
Ma charmante Michon fut mise à l'hôpital,
Sa sœur eut même sort. Dans ce trouble fatal,
Je change de nouveau de quartier et d'allure ;
Je vais dans les brelans ; quelque bonne aventure
M'arrivait très souvent ; je trouvai plus d'un sot,
Qui, jouant avec moi, grossissait mon magot.

Un quidam, contre moi l'âme de rage outrée,
Fit tant que de ces lieux on me ferma l'entrée ;
Pour me dédommager d'un si perfide tour,
Je devins enrôleur à deux écus par jour ;
Et sans être enrôlé, moi j'enrôlais les autres :
J'avais quatre sergens, tous quatre bons apôtres,
Pour qui je travaillais, et qui, sans trop crier,
Des soins que je prenais savaient bien me payer.
Je vous leur amenais toujours quelque bon drille,
Quelquefois j'attirais des enfans de famille.

2*

Je me croyais expert ; et sachant plus d'un tour,
Je me tenais plus fier qu'un maréchal de cour.
Je ne parlais que camp et canons et bataille,
Et j'étais l'orateur du quai de la féraille.

Un jour, certain sergent vint dans mon galetas,
Me dit qu'il lui fallait trouver quatre soldats ;
J'en fis trois, mais malgré ma diligence extrême,
Je ne lui pus jamais trouver le quatrième.

J'y comptais fort pourtant, j'en suis bien affligé,
Me dit-il, cependant je vous suis obligé.
Demain de grand matin je commence ma traite :
Venez m'accompaguer jusques à la Villette,
Je récompenserai vos peines largement.
Nous y fûmes tous cinq déjeûner amplement ;
Le repas fait, il sut si bien faire et bien dire,
Que jusqu'à Meaux encore je fus le recouduire.
Le traître m'enivra, je succombe au sommeil,
Et dors jusqu'au matin ; mais quel triste réveil !
Je me vois garotté : le chien me signifie
Que je suis engagé dedans sa compagnie,
Et qu'il me faut aller joindre la garnison.
Je lui reproche alors sa noire trahison :
Je suis presqu'enragé, je crève, je suffoque,
J'atteste tous les dieux, le perfide s'en moque :
Je prends donc mon parti, cesse de m'affliger,
Attendant les moyens de pouvoir me venger.
A faire mon devoir appliquant mon étude,
Je me fis distinguer par mon exactitude :
J'eus soin, surtout, de plaire à tous mes officiers ;
A vanter mon courage ils étaient les premiers ;
Comme officier en herbe un chacun me regarde,
Et j'allais obtenir bientôt la hallebarde ;

Je me voyais en train d'avancer ou jamais
Lorsque la paix s'en vint renverser mes projets ;
Je me mets sans tarder dans le panier du coche,
Et reviens à Paris mon congé dans ma poche.

CHANT CINQUIÈME.

J'y trouve, en arrivant, quantité d'officiers ;
Plus encore e soldats, ne sachant nuls métiers,
Sans secours, sans amis, sans pain et sans paillasse,
Se voyant comme moi réduits à la besace.
Chers lecteurs, pardonnez si ma narration
Enfile un autre chant sans interruption.
J'imite deux auteurs qu'au Parnasse on renomme,
Dont l'un est de Paris, et l'autre était de Rome.
Bien plus, dans leur poëme ils ont fouré tous deux
Le séjour des enfers ; je fais encor comme eux.
O vous ! chantres divins du Tibre et de la Seine,
Echauffez, animez ma trop timide veine ;
Que par votre secours sans baisser ni mollir,
Je pousse ma carrière et la puisse remplir.
Comme j'en connaissais la plus grande partie,
(Continua Cartouche à la vieille accroupie)
Je leur dis sans façon : Est-ce votre dessein,
Ou d'aller mendier, ou de mourir de faim ?
Mais non, et je vous crois l'âme trop généreuse,
Cette vie est pour nous trop basse, trop honteuse.
Nous sommes tous pourvus d'esprit et de valeur,
Volons, c'est le moyen de vivre avec honneur ;
Mettons bas une crainte et vaine et ridicule ;
Que s'il vous reste, amis, encor quelque scrupule ;

Apprenez que le vol est un noble métier.

Dans le tems qu'Alexandre allait du monde entier,
Ne faire qu'un état, et s'en rendre le maître ;
Certain Diomedès devant lui vint paraître.
Avec un brigantin il allait pirater.
On fit tant qu'à la fin on le sut attraper ;
Aussitôt que le roi le vit chargé de chaînes,
De tes crimes, dit-il, tu vas subir les peines.
Je te tiens donc, voleur, sans foi, loi, ni vertu.
L'autre répond : Pourquoi voleur me nommes-tu ?
Si comme toi j'avais une puissante armée,
Bien loin de voir ainsi ma valeur diffamée,
Le peuple chanterait mes exploits glorieux :
Mais parce que je suis sorti d'obscurs ayeux,
Que toute ma ressource est dans mon savoir faire,
On ose me traiter de brigand, de corsaire.
Il est vrai, j'ai failli, mais dans la pauvreté,
(Dit-on communément), ne gît pas loyauté.
Tu me tiens, je sais trop qu'il faut que je périsse ;
Ordonne, sans trembler j'attendrai mon supplice.
Quand il eut achevé, le vaillant empereur
Estima ses exploits, admira son grand cœur,
Lui fit une fortune éclatante et durable.

Dans la fable, Jupin, ce dieu si respectable,
Du sceptre paternel n'est-il pas ravisseur ?
De combien de tendrons a-t-il ravi l'honneur ?
Pluton épargna-t-il Proserpine ? Mercure
N'a-t-il pas de Vénus dérobé la ceinture ?
Du blond Phœbus le luth, d'Admète les troupeaux ?
De Mars le bouclier ? de Vulcain les marteaux ?
Prometée autrefois vola le feu céleste ;
Nous avons, croyez-moi, des exemples de reste.

Les gens de qualité volent leurs créanciers ;
L'usurier tous les jours vole les officiers ;
Les poëtes fameux comme les subalternes,
Pillent les anciens et souvent les modernes ;
Bref, il est des voleurs de toutes nations,
De tout rang, de tous arts, métiers, professions.

    Tous sont de mon avis : la chose ainsi réglée,
Je convoque à huitaine une grande assemblée
Au fond d'une carrière, auprès de l'hôpital.
Ce fut là le premier chapitre général.
Il était composé de plus de deux cents têtes ;
Mais têtes qui toujours à bien faire étaient prêtes.
Soldats, fils de famille, apprentis, artisans,
Perruquiers, colporteurs, vieillards, adolescens,
Oublieux, portefaix, décroteurs, revendeuses,
Serruriers, porteurs d'eau, frotteurs et ravaudeuses,
Sans compter mes cadets que j'avais débauchés.
Tous ces gens sur mon livre à l'instant sont couchés.
On propose des lois ; nous bâtissons un code
Des statuts que j'avais dirigés à ma mode.

    Or, il fallait un chef pour maintenir ces lois ;
Et je fus à l'instant proclamé d'une voix.
Grands, petits, tout me jure entière obéissance.

    Les jeunes qui manquaient encor d'expérience
N'étaient point appelés aux importans projets ;
Et les grands officiers savaient seuls mes secrets.
Comme je les vois tous résolus et bien fermes,
A l'instant je me lève, et leur parle en ces termes :

    Nous voici donc enfin parvenus à ce tems,
Où nous verrons bientôt tous nos désirs contens.
Nous avons embrassé ce métier honorable ;
Mais, savez-vous le fin d'un art si profitable ?

C'est, à qui l'entend bien, un Pérou que Paris ;
Tout consiste en deux points, prendre et n'être point pris
Voilà l'essentiel, mes amis ; quant au reste,
C'est mon affaire à moi d'en former un digeste :
Vous l'apprendrez par cœur. Au surplus, ayons soin
De faire des amis toujours prêts au besoin ;
Et pour avoir partout de secrètes pratiques,
Dans toutes les maisons plaçons des domestiques ;
C'est l'unique moyen de piller sûrement
Les coffres forts. Après maint autre réglement,
Nous nous séparons tous ; nous travaillons en ville ;
Dans ce nouveau métier chacun se montre habile.
Quelle ardeur ! c'est à qui brillera par ses faits,
Et déjà peu s'en faut qu'ils ne soient tous parfaits ;
Mon âme, de plaisir, en est toute comblée.
    Au bout d'un mois se fait la seconde assemblée ;
Tout le butin conquis est alors apporté ;
Le partage s'en fait avec intégrité.
    Je parlai ce jour-là de régler nos finances :
Nous étions fort chargés , nos frais étaient immenses.
Faux frères dans le guet ; receleurs , espions ;
Emboiseuses, mangeaient de grosses pensions ;
Aucun ne nous faisait quartier d'une minute :
Aussi n'avions-nous point avec eux de dispute,
On les payait recta : Nous y gagnions d'ailleurs ;
Il n'est point de moyens ni plus sûrs ni meilleurs.
    Nous étions tous remplis d'une ardeur généreuse ,
Jamais troupe ne fut plus belle, plus nombreuse ;
Mais pour ne point laisser mon récit imparfait,
Je vais de quelques-uns vous faire le portrait :
Nous avons parmi nous un vieillard vénérable,
Que ses exploits passés rendent recommandable.

qui, d'emplois en emplois, vieilli sous trois voleurs*,
a vu de ses pareils les éclatans malheurs.
Cet homme, qui nous aime en père de famille,
Qui tient le Pistolet auprès de la Courtille,
Nous représente un ours, mais un ours mal léché ;
sous un épais sourcil tout son œil est caché :
Mais bien qu'il soit âgé, dans sa mâle vieillesse,
Son teint se sent encor du feu de la jeunesse.
Son long âge n'est peint que sur ses cheveux gris ;
Sur un visage frais brille un vif coloris.
Un régime de vivre allonge ses années ;
La fortune à plaisir lui file ses journées ;
De bonne heure il se couche, il se lève matin.
Surtout comme la peste il fuit un médecin.
   Duchâtelet possède une valeur très rare,
Mais il est inhumain, dur, féroce, barbare ;
Ne pardonne jamais aux moindres ennemis,
Sans pitié les massacre à ses genoux soumis ;
Et poussant jusqu'au bout cette fureur brutale,
Il leur mange le cœur comme un vrai cannibale.
Non, je ne comprends pas, madame, en vérité,
Comment on peut si loin pousser la cruauté.
Celui qui fit mourir feu madame sa mère,
Tout diable qu'on le peint, était moins sanguinaire,
Moins féroce, moins chien, scélérat moins complet
Et moins Néron enfin que n'est Duchâtelet.
   Pour le beau Balagny, couru de mainte belle,
Mon bon et franc ami, mon Acate fidelle,

---

* Il tenait le cabaret qui a pour enseigne le Pistolet, et
il avait servi sous Carfour, Loupiat, et servait actuellement
sous Cartouche.   (*Historique.*)

Il est doux, gracieux, civil, a l'air mignon,
Et la mine surtout d'être bon compagnon.
Jamais en son chemin ne trouve de cruelles,
A tendrons à foison et belles demoiselles,
Dont une, un jour l'ayant trop mis en appétit,
L'obligea de loger quelques mois chez Petit.
Mais ce n'est rien. Au reste, au combat il fait rage,
Et dans l'occasion nul n'a plus de courage.
Il sait joindre à la fois (le coquin vaut trop d'or),
Le courage d'Achille au sangfroid de Nestor;
Mon éloquence est faible à vous le bien dépeindre;
Il fait de petits vers, il danse, chante à peindre;
Possède cent talens au suprême degré;
Et si le sort pouvait me changer à mon gré,
Pour montrer à quel point son mérite me touche,
Je serais Balagny, si je n'étais Cartouche.

De mes frères, l'aîné possédait bien son art;
Pour le cadet, ma foi, ce n'était qu'un pendard :
Je ne voyais en lui nul soin, nulle conduite,
Nulle ardeur...Il est vrai qu'il fit mieux dans la suite
Un jour, dans l'assemblée, ah ! que j'étais fâché,
Ne rougis-tu donc point, lui dis-je, esprit bouché ?
Butor, poltron, coquin, bélitre, misérable !
(Ces cadets, la plupart, ne valent pas le diable);
Il ne mérite pas qu'on lui donne de l'eau,
A ton âge j'étais des poches le fléau.
Je savais *débrider* la *lourde* sans *tournante*;
Tu t'enivres! tu dors! tu trompes mon attente!
Toi que j'avais choisi pour digne compagnon !
L'héritier de mon rang, et surtout de mon nom.
Penses-tu qu'un voleur n'ait qu'à faire bombance ?
Le butin ne vient pas si vite que l'on pense.

Le danger te fait peur ? eh, mon pauvre garçon,
De ton frère Cartouche, est-ce là la leçon ?
Il faut affronter tout : bâton, coup de pincettes,
Plutôt que de rentrer au logis les mains nettes.
Regarde un Loupiat, un Carfour, un Grillon,
Un Guillery, Maillard, Rapini, Ricaon,
Adraste, la Chenaye, Arpalin, Petit-Jacques *,
Qui fut exécuté vers les fêtes de Pâques.
Parmi tant de héros, je n'ose me placer ;
Mais il est des vertus que je lui puis tracer.
Ma foi, mes chers amis, je le répète encore,
Il ne sera jamais qu'une pauvre pécore.

Je ne sais si ces mots sur lui firent effet ;
Mais je n'ai nulle peine à le croire. En effet,
Il me dit en pleurant : mon imprudence est haute ;
J'ai failli, je le sais. Je confesse ma faute ;
Vous m'en voyez ici rougir ? vos genoux,
J'ai honte de me voir si peu digne de vous,
Mon frère. A l'avenir je promets de mieux faire,
Et je vais tout tenter afin de vous complaire.
Si je péris, du moins la Grève ou le poteau,
Du frère de Cartouche est le digne tombeau.

Cependant, animés d'une ardeur sans pareille,
Chaque nuit dans Paris nous faisions tous merveille,
Notre troupe bientôt se mit en grand crédit.
La terreur de mon nom partout se répandit,
En cent occasions, mainte et mainte victoire,
Sur le guet terrassé, m'acquit beaucoup de gloire.
C'est un poids bien pesant qu'un nom trop tôt fameux !
Ah ! combien m'a coûté ce fardeau dangereux !

---

* Chefs de voleurs.

On acquiert aisément, on conserve avec peine ;
Sans repos, sans relâche, et toujours en haleine,
Je redouble mes soins, je ne néglige rien ;
Je sue et je travaille en vrai galérien.
Pour soutenir ce nom sottement je m'immole.
    A quelque tems de là : j'établis une école,
Où l'on récompensait l'adresse et la valeur ;
C'est le moyen de faire un excellent voleur.
C'était dans une vaste et profonde carrière ;
Là, deux fois tous les mois, on se donnait carrière.
Une corde au plancher tenait un manequin *
Vêtu d'un bon habit, couvert d'un casaquin.
Sans le faire branler, fallait vider les poches,
Sinon pleuvaient soudain coups de poings et taloches.
    Tous les petits filous y vinrent tour à tour ;
S'exercèrent ; chacun y fit de son mieux pour....
Vous le devinez bien, pour avoir l'avantage
De remporter le prix, un bel et bon fromage.
Il s'en trouva beaucoup qui réussirent peu ;
Coups de poings aussitôt de bien jouer leur jeu.
    Loin de se rebuter, de plus en plus la gueule
Leur cache le péril, et les anime seule.
Ils convoîtent le prix, ils l'avalent des yeux ;
L'un fait mal, l'autre bien, l'un plus mal, l'autre mieux
Deux s'en étaient tirés avec même avantage.
Comme on allait entre eux partager le fromage,
Un troisième avança. Messieurs, tout bellement,
Dit-il, j'ose appeler de votre jugement.
Sans avoir fait changer le manequin de place,
Vous avez vu vider et poches et besace,

* Homme d'osier ou de paille.

Moi, je vais, (et je suis assuré de mon fait),
Sans rien faire branler, dégarnir le gousset.
Regardez bien. Alors du fantôme il s'approche ;
Par forme seulement fouille dans une poche :
De là passe au gousset boutonné doublement,
Le déboutonne, y met la main adroitement.
Une bourse fort grosse et pleine de pistoles
En est tirée : il fait quatre ou cinq cabrioles,
Et demande le prix dignement mérité.
Le fromage susdit sur l'heure est apporté.

Cela fait, les tireurs d'escrime entrent en lice,
Et montrent leur savoir dans ce noble exercice.
Il paraît vingt gaillards armés de bons fleurets,
Agiles, découplés, alertes et bien faits.

Balagny remporta, non sans mainte culbute,
Et le prix de la course, et celui de la lutte.
Les prix distribués, chacun s'en va chez soi ;
Souper pour mieux vaquer ensuite à son emploi.

A propos de souper, dit lors la vieille affable,
Ferions-nous donc si mal d'aller nous mettre à table ?
Non, dit-il, remettons le reste après soupé,
Je vais manger en diable, ou je suis fort trompé.

wwwwwwwwwwwwwwwwwwwwwwwwwwwwwwwwwwwwwwwww

CHANT SIXIÈME.

PENDANT tout le souper, parlant de chose et d'autre,
Notre vieille sans dents lorgnait le bon apôtre,
Qui, loin de lui vouloir donner le moindre espoir,
Ne faisait pas semblant de s'en apercevoir ;
Sa jeunesse, son air et sa gentille face,
Commençaient d'échauffer cette vieille carcasse ;

Toujours tombait sur lui quelqu'amoureux regard,
Elle faisait des yeux de merlan ; par hasard,
Si Cartouche eût été d'une humeur plus aisée,
La vieille s'y serait volontiers amusée ;
Mais bientôt la raison venant à son secours,
Elle remet son hôte à son premier discours.

Nous faisions dans Paris des bruits épouvantables,
Dit-il, et nos butins étaient considérables ;
De s'assembler encore il fut lors question,
Pour en faire entre nous la répartition.
Le chapitre se tint dans une autre carrière,
Nous en changions souvent, c'est la bonne manière,
On est, faisant ainsi, rarement découvert ;
Nous faillîmes pourtant d'être tous pris sans vert.

Après avoir réglé nos petites affaires,
Ajouté les statuts que je crus nécessaires,
Partagé le butin, déjà prêts à sortir,
Dix escouades d'archers viennent nous investir.
Thémis ayant appris par un avis fidèle,
(Car elle tient toujours mouchards en sentinelle),
Que ce jour nous devions avoir un rendez-vous ;
Elle avait envoyé sur le champ après nous,
Croyant par le grand nombre emporter l'avantage ;
Mais nous qui faisions fonds sur notre seul courage,
Nous nous sentons remplis d'une divine ardeur,
D'une gloire certaine, heureux avant-coureur,
Alors nous nous joignons, eux et nous pêle-mêle,
Nous combattons, les coups tombent comme la grêle :
Le combat est sanglant, le succès est douteux,
La victoire incertaine hésite entre les deux.

Le chef des ennemis me lance, furieux,
Un homicide plomb que détourne les dieux ;

Sans cela j'étais mort, il tirait à merveille,
La balle me passa rasibus de l'oreille,
Et fut trouver la Pogne * environ à vingt pas ,
Qui pour fendre un archer levait déjà le bras ;
Elle l'atteint tout droit au bas du teton gauche.
Il tombe comme tombe un brin d'herbe qu'on fauche.

L'air frémissant du bruit qui partait de nos coups,
Aux échos d'alentour les communiqua tous,
Qui, les ayant reçus, soudain les répétèrent,
Et sans en perdre aucun jusqu'au ciel les portèrent,
Que la témérité nous aveugle souvent !
Le sang et la fureur m'emportant trop avant,
Je tombe imprudemment dedans une embuscade;
N'ayant à mes côtés pas un seul camarade.
Vous le dirai-je ? enfin, je me vois prisonnier ;
J'eus alors quelque peur, je ne le puis nier ;
J'en crus trop, je l'avoue, un trop bouillant courage,
Dans un chef orgueilleux , dangereux avantage ;
Un guerrier doit braver la mort dans les combats,
Mais c'est à la prudence à conduire ses pas.
Sans faire cependant le fendant de Gascogne ;
Si j'eusse eu la *mia spada di Catalogne*,
Je crois qu'ils n'en auraient croqué que d'une dent ;
Mais elle se rompit, ô ! cruel accident !
Je sentis n frisson se couler dans mes veines.

Déjà l'on commençait à me charger de chaînes,
Quand de grands cris soudain attirent mes regards ;
Je vois en ce moment, je vois de toutes parts
Les ennemis vaincus abandonner la place ;
Je cherche le vainqueur, je veux lui rendre grâce ;

---

* Voleur.

Je promène partout mes regards curieux,
Quand mon libérateur se présente à mes yeux.
A mon cher Balagny je dus cette fortune,
C'est lui dont la valeur rare et si peu commune
Sut me débarrasser d'un péril aussi grand ;
Me voyant dégagé, je cours après l'exempt,
Le désarme, et d'un coup porté d'une main sure,
Je lui fais dans le ventre une large blessure ;
Je laisse dans son sang nager le gros paillard,
Et vais porter mes pas et mes soins autre part.

Des archers ralliés l'opiniâtre audace,
Rend effort pour effort, menace pour menace ;
Déjà nos gens pliaient, j'arrête les fuyards,
Et ranime les cœurs du feu de mes regards ;
Alors Duchâtelet, rime en dieu comme un fiacre,
Et Mezenze nouveau, jure, sacre, massacre ;
Sous ses terribles coups, Bras-Rude est renversé,
Comme un chêne orgueilleux par les vents terrassé.

Balagny, d'un air fier, menaçant et farouche,
S'avance, soutenu des regards de Cartouche,
On pousse en vain sur lui mille coups furieux,
Il n'en est que plus ferme et plus audacieux.

A la fin, indignés que de tels combattans,
Résistent à nos coups, et tiennent si longtemps ;
Nous ranimons soudain notre vertu guerrière,
Et couvrons de corps morts la plaine toute entière.

A voir presqu'à la fois tant de morts entassés,
D'une subite horreur les archers sont glacés ;
Ils cherchent vainement leur salut dans la fuite ;
Rien ne peut ralentir notre ardente poursuite :
De carnage et de sang j'assouvis mon courroux ;
Le ciseau d'Atropos suit à peine nos coups,

Tout fuit, et de la mort l'épouvantable image,
Des cœurs les plus hardis a glacé le courage :
Nous faisons des monceaux d'exempts et de recors,
Caron ne peut suffire à passer tant de morts ;
Enfin, chacun immole à sa juste furie,
La *pousse*, la *poussaille*, et la *poussaillerie*,
Nous les frottons ici, nous les embrochons là,
Et les faisons tomber de Caribde en Scylla ;
Ils gaguent le taillis, courent comme des diables,
Nous laissent pour adieux des cris épouvantables,
Et la plaine et les bois, par notre illustre effort,
Sont des champs de carnage où triomphe la mort.
Veni, vidi, vici, dis-je d'une voix fière :
Vous savez le latin ? — En aucune manière.
Vous ne le savez pas ? — C'est-à-dire en français :
Je suis venu, j'ai vu, j'ai vaincu... Quels succès !
    De retour à Paris, las de tant de combats,
Je régale mes gens d'un splendide repas.
Lesquels me font présent d'une très riche épée.
Où tout au long ma vie était développée ;
L'art y brillait partout, du haut jusques en bas ;
Surprise, guerre ouverte, embuscades, combats,
Ruse, fuite, retour, mariage, amourettes,
Délibérations, tentatives, retraites.
Quel chef-d'œuvre ! Il fallait tirer l'échelle après.
Le bouclier d'Achille était guenille auprès.
Enfin, jusques au bout voulant me faire fête,
On me peint en héros, un laurier sur la tête,
Et dessous mon portrait, on met en lettres d'or :
Vivat Cartouchius furum imperator.

    A quelque tems de là l'on vient en diligence,
Donner à notre troupe un avis d'importance ;

Que sans perdre un moment il faut se tenir prêts,
Pour faire un grand butin dans l'hôtel Desmaretz;
Nous y courons; le sort remplit mal notre attente.
On ne vient pas à bout de tout ce que l'on tente.
Apprenez seulement qu'après un long combat,
Sans pouvoir l'imiter, j'étais pris comme un rat,
Si le toit de l'hôtel, heureusement propice,
Ne m'eût pas retiré de ce grand précipice;
Par le chemin des chats je m'enfuis de ces lieux,
Courant jusqu'au moment qui m'offrit à vos yeux.

   Cartouche sort de table, il se botte, il l'embrasse,
Non sans s'être muni d'une bonne besasse.
Partez, lui dit la vieille, allez, jeune héros;
C'est trop languir ici dans les bras du repos;
La parque encor vous garde un grand nombre d'années;
Remplissez jusqu'au bout vos hautes destinées;
Que la gloire et l'amour, ces doux tyrans des cœurs,
Vous animent toujours de leurs nobles ardeurs;
Aimez et combattez sans crainte et sans scrupule;
Craint-on de s'égarer sur les traces d'Hercule?
Allez, exécutez mainte belle action,
Partez, et recevez ma bénédiction.

CHANT SEPTIÈME.

QUAND je lus d'Amadis les faits inimitables,
Je croyais dans ce tems ne lire que des fables;
Mais mon fameux héros, par ses faits inouïs,
Me fait croire à présent ce qu'on dit d'Amadis.

   Notre vaillant guerrier, tout rempli d'allégresse,
Rhabillé, bien guédé, content de son hôtesse,

S'en allait cheminant et par vaux et par monts,
Et courait à Paris chercher ses compagnons.
　Il savait son Virgile : à l'exemple d'Énée
Il veut absolument savoir sa destinée :
Il lui tarde déjà qu'arrivé dans Paris
Un oracle certain rassure ses esprits.
　Durant tout le chemin il n'eut point d'aventure
Digne d'être transmise à la race future.
Il avançait pays monté sur son criquet,
Se levait tous les jours dès le potron-jacquet.
　A la fin il arrive, au bout de la huitaine,
A la ville fameuse où serpente la Seine,
Et va vite trouver dans certain galetas
Une sorcière habile, et dont on faisait cas.
Il grimpe tout au moins à la septième chambre,
Et se met tout en eau quoiqu'au mois de novembre,
Il se repose un peu, las d'avoir tant monté;
Il heurte. Après qu'il eût heurté, puis reheurté,
Une vieille à la porte arrive sans coiffure;
Il contemple, surpris, sa grotesque figure.
De crins blancs jadis roux son crâne est ombragé,
Son front en vingt sillons se trouve partagé,
D'épais sourcils grisons, un œil creux et farouche,
Une joue enfoncée, une profonde bouche,
Sépulcre d'os pourris, sur qui le nez tombé,
Va baiser en pleurant un menton recourbé.
　Elle le fait entrer dans un taudis très sale;
Pour tout meuble il y trouve une chaise, une malle,
Une table rompue, un tabouret boiteux;
Une cruche égueulée, un verre tout crasseux,
De la graisse de loup, un vieux parchemin vierge,
Un pot de chambre usé que l'urine submerge,

3*

Un manche de balai pour aller au sabat ;
Et pour tapisserie et tableaux, maint crachat.
　Je sais, mon doux ami, le sujet qui t'amène,
Ta venue en ces lieux n'aura pas été vaine,
Le bruit de mon savoir ne t'a point imposé ;
Je sais rendre tout neuf un pucelage usé ;
Je sais tourner le sas, j'ai l'enfer dans ma manche,
Je possède, en un mot, magie et noire et blanche.
Je vais donc travailler. Or sus, mon bon seigneur,
Nous allons voir bientôt si vous avez du cœur :
Suivez-moi. Là-dessus, d'un pas tremblant et grave,
Elle marche devant ; le mène en une cave,
N'ayant pour tout flambleau qu'une lampe à la main,
Ils arrivent tous deux dans ce lieu souterrain.
Jamais le blond Phœbus, ce dieu porte-lumière,
Ni Diane sa sœur, grande arbalétrière,
N'avaient su pénétrer dans ce profond caveau,
Ils n'avaient pour clarté que leur pâle flambeau.
　Dans le centre d'un cercle établissant la scène,
Sur un autel la vieille alluma la verveine,
Rappela de son art tous les secrets divers,
Dont la force la rend maîtresse des enfers ;
Et la baguette en main, fit des cercles magiques,
Gromela dans ses dents quelques mots hébraïques,
Frissonna, grimaça, toussa, cracha, péta,
Et le magique pet trois fois se répéta.
　O vous ! s'écria-t-elle, Erèbe, triple Hécate,
Grande Jobin, qu'ici votre pouvoir éclate !
Pour remplir mes désirs unissez vos efforts,
Faites agir pour moi tout l'empire des morts.
Et vous, qui présidez aux mystères funèbres,
Esprits noirs et malins, habitans des ténèbres,

Qui pour suivre mes lois êtes toujours sur pieds,
Qui nouez l'éguillette aux nouveaux mariés,
Qui prodiguez aux miens d'une main bienfaisante
Talisman, trêfle à quatre et pistole volante;
Vous, que j'ai pour mon art employés tant de fois,
Farfadets et lutins, accourez à ma voix.

Soudain, spectres, démons, viennent tous à la file;
A leur tête paraît le marquis d'Ambreville*.

Tes moindres volontés sont pour nous des arrêts.
Que veux-tu? lui dit-il, parle, nous voilà prêts.

Ce jeune homme m'est cher; je l'estime, dit-elle:
Présentons à ses yeux une image fidelle,
Un portrait des héros, qui fameux comme lui,
Ont par de nobles coups ravi le bien d'autrui;
Et puis, dans l'avenir, sur ce qui le regarde,
Sachons précisément ce que le sort lui garde.

Quoi, ce n'est que cela, lui répond le marquis,
Vous avez alarmé tout l'enfer par vos cris:
Vous moquez-vous de nous? Le diable vous emporte!
Nous croyions tout perdu de crier de la sorte;
Il était bien besoin de faire tant de bruit,
D'évoquer pour si peu les ombres de la nuit
Pourquoi tout ce fracas? tous ces mots magnifiques?
Ma foi vous ressemblez aux poètes lyriques,
C'est comme à l'Opéra. Baste, c'est assez dit:
Pour ce que veut Cartouche, un verre d'eau suffit.
D'eau claire sur le champ on apporte un grand verre;
Puis on le fait coucher le ventre contre terre,
Après avoir marché quinze ou vingt pas en rond.
Chacun observe alors un silence profond.

---

* D'Ambreville était frère de Léance, fameuse bohémienne.

Après quelques momens, le frère de Léance
Interrompt par ces mots cet auguste silence.
Toi qui veux t'élever par des travaux guerriers,
Regarde, tu vas voir tes vaillans devanciers.
Il obéit. Il voit dans le miroir liquide
Romulus, guerrier fier, mais amant trop timide,
Alexandre, César, Sylla, Mazaniel,
Attila, Bajazet, Barberousse, Cromwel,
Et tous ceux qui jadis ont ravagé la terre.
Que vois-je ! dit-il, que de foudres de guerre !
Tu vois de grands voleurs, tes dignes compagnons ;
Le vulgaire ignorant leur donne d'autres noms.
A de vaines erreurs, préjugés de l'enfance,
Son esprit aveuglé se livre à toute outrance :
Il croit que le ciel met en des rangs différens
Les voleurs renommés et les grands conquérans.
Mais revenu, guéri de l'erreur populaire,
Un grand cœur n'est jamais la dupe du vulgaire.
Cependant continue, et remarque bien tout ;
Ce n'est pas fait encore, et tu n'es pas au bout.
Il découvre plus loin l'Acheron, le Tenare.
Poursuivant son chemin, il parvient au Tartare.
Par tant d'auteurs divers si souvent célébré ;
Il arrive à la fin au lieu tant désiré.
     Sur la rive du Styx s'élève un temple auguste,
Où le destin toujours terrible, toujours juste,
Dispense en souverain des hommes et des dieux,
Tous les événemens de la terre et des cieux.
Il est de l'Univers l'âme toute puissante ;
A ses divins regards l'éternité présente,
Dévoile les secrets qu'elle cache aux mortels :
Chacun y voit son sort écrit sur ses autels.

Ce temple révéré se présente à sa vue ;
D'une crainte soudaine il sent son âme émue,
Il regarde en tremblant ce redoutable lieu,
Pour la première fois se recommande à Dieu.

Le marquis d'Amberville et la vieille Cumée
Elèvent à la fois leur voix roque, enrhumée ;
Chacun veut le premier lui déclarer son sort,
Aucun ne cède, et c'est à qui criera plus fort.

Une voix s'élevant, fait trembler la muraille,
Et prononce ces mots : *Qu'on se taise canaille,*
Silence... Toi, Cartouche, après tant de travaux,
Tu goûteras dans peu la douceur du repos.
La fortune, mon fils, qui des humains se joue,
S'apprête à te placer au plus haut de sa roue.
D'une garde nombreuse en public escorté,
Dedans un char assis tu te verras porté,
Tu verras à ta suite un cortège innombrable ;
D'un peuple curieux, avide, insatiable.
Dans un palais fameux, attentive à ta voix
Thémis t'écoutera ; puis prononçant ses lois,
Sur un trône élevé, digne de ta vaillance,
Tu recevras enfin ta juste récompense ;
C'est là que ta valeur doit conduire tes pas.
Cet oracle est plus sur que celui de Calchas.

D'un bruit soudain les murs du caveau retentissent,
La terre est ébranlée et les voûtes frémissent ;
Le verre d'eau se brise en cent et cent miroirs ;
Tout disparaît, tout rentre aux ténébreux manoirs.

Au bout de quelque tems, tout redevient tranquille.
Cartouche, plein d'espoir, embrasse la sibylle,
Et voulant que chacun demeure satisfait,
Il dégante une main, fouille dans son gousset :

Prenez, ma grand'maman, cette double pistole.
La vieille, à cet objet, fait une cabriole.
Ses faibles pieds manquans, elle se laisse choir,
Et découvre un endroit des plus hideux à voir.

  Le héros cependant sort, la laisse par terre,
Remonte l'escalier, revient à la lumière.
Du grand jour quelque tems ses yeux sont éblouis,
L'oracle du destin rend ses sens réjouis.
Il rejoint tous ses gens, charmés de sa présence,
Et qu'avait alarmés une si longue absence.
Quand par quelque accident le sort les séparait,
A certain lieu marqué chacun se retrouvait.
Ce fut donc en ce lieu qu'au soir ils se trouvèrent,
Qu'ils s'embrassèrent tous, jasèrent, puis soupèrent.

CHANT HUITIÈME.

  DE l'amour du butin de plus en plus épris,
Et d'un moment perdu connaissant tout le prix,
Cartouche, un certain jour de fête solennelle *,
Toujours actif, toujours plein d'ardeur et de zèle,
Aux poches, aux goussets des badauts curieux,
Auprès du Luxembourg **, travaillait de son mieux.
Or, comme il s'occupait de sa petite affaire,
Il vit un espion qui le regardait faire :
Il fuit : l'autre le suit de carfour en carfour.
Ils arrivent enfin proche un certain détour ;

---

  * Fête-Dieu.
  ** Tout le guet était rangé ce jour-là en haie dans la rue
de Tournon à cause de la procession.

Alors, se retournant, l'impatient Cartouche,
De la bonne façon rosse la pauvre mouche,
Et, rempli de colère, il l'étrille à souhait. .
On court incessamment en avertir le guet :
Ah ! messieurs, ici près un garçon on assomme ;
Je n'oserais quitter, répondit un jeune homme.
Et puis c'est à monsieur à marcher avant moi ;
Je ne vais qu'après lui. Je n'irai pas, ma foi,
Reprit l'autre ; sans ordre abandonner mon poste ?
Qu'il se sauve, s'il peut, en courant bien la poste ;
Mais parlez à Monsieur, car il est mon ancien,
S'il veut être tué, pour moi, je le veux bien :
On ne me vit jamais envier pour partage
Des vains honneurs du pas le frivole avantage.

Le mouchard cependant ne cesse de crier :
Le peuple accourt ; Cartouche enfile un escalier ;
D'une grande perruque, il couvre sa caboche,
(Il en avait toujours provision en poche)
Puis ressort à l'instant, sans être reconnu,
Passe au milieu du guet jusqu'en ce lieu venu.

Auprès des Gobelins, étant un jour à boire,
Avec certain tailleur pour régler un mémoire,
Il aperçoit de loin paraître des recors ;
Il se sent à l'instant frissonner tout le corps,
Il pâlit ; mais bientôt rappelant sa prudence,
Je vous veux en ami faire une confidence,
Dit-il, j'ai rendez-vous amoureux ici près ;
Mais pour ne point donner à jaser aux valets,
Comme ce cher objet fait là haut sa demeure,
Changeons de juste-au-corps pour une demi-heure :
Le mien est trop connu : mettez-le, il est fort beau.
Le tailleur bonnement donné dans le panneau :

Ils troquent tous les deux. Travesti de la sorte,
Cartouche promptement, descend, gagne la porte,
Et sort du cabaret justement dans le tems
Qu'on demande : Est-il point un homme là dedans
Qui porte un habit rouge, une perruque noire ?
Messieurs, dans cette chambre, il est, dit-il, à boire :
Montez : et lui soudain de happer le taillis,
Laissant le pauvre sot dedans le margouillis
L'exempt et les archers montent vite à la chambre,
Saisissent le tailleur, qui tremble en chaque membre.
Ah ! ah ! nous vous tenons enfin l'homme de bien,
Vos ruses à présent ne servent plus de rien :
On le lie à l'instant, en triomphe on le mène.
Ou pour en mieux parler, rudement on le traîne.
Les archers fièrement enfonçaient leur chapeau,
Lorsque tous les voisins s'écrièrent : Tout beau,
Nous connaissons monsieur, c'est un bourgeois notable,
Nous en répondons tous corps pour corps. Comment diable!
Le drôle aurait-il fait un tour de son métier?
Cela se pourrait bien, car c'est un vieux routier.

    Le tailleur devinant ce que ce pouvait être ;
Il a donc plusieurs noms, dit-il, le double traître!
Je ne m'étonne plus, s'il était interdit :
Il m'a, pour se sauver, emprunté mon habit,
Me disant qu'il avait rendez-vous d'une belle ;
Mais sans vous je serais encore en sentinelle :
Si jamais je l'attrape, il le paiera le gueux.
Nous sommes, dit l'exempt, pris pour dupes tous deux ;
Mais cependant, monsieur, je vous demande excuse :
Monsieur, vous vous moquez, le plus juste s'abuse.

    Cartouche s'en allait riant comme un perdu,
Lorsqu'un de ses amis le joint tout éperdu.

C'était un fourbisseur enrôlé dans la clique :
Je vais abandonner, lui dit-il, ma boutique,
Car tous mes créanciers me pressent diablement.
Rassure-toi, pauvre homme, et dors tranquillement :
Va, je sais une ruse, et toute des meilleures :
Assemble-les chez toi ce soir sur les neuf heures,
Donnons-leur à souper. Ainsi dit, ainsi fait :
Ils viennent. On s'atable; on s'en donne, dieu sait ;
Sur la fin du repas, Cartouche, en sa caboche,
Ruminant son dessein, vous tire de sa poche
Un sac plein de louis, paie les créanciers,
Et de son compagnon retire les papiers.
Cela fait : Permettez, messieurs, que je vous quitte,
Adieu, bon soir. Il sort et va joindre sa suite.

Mes gaillards remboursés, contens, de bonne humeur,
Font venir à l'envie force vin de liqueur,
Boivent sur nouveaux frais; chacun fait l'agréable,
Minuit sonne : à l'instant ils se lèvent de table,
Ils descendent, s'en vont, puis au sortir de là,
A vingt ou trente pas, Cartouche les vola.

Environ ce tems-là (je le pardonne à l'âge),
Il devint amoureux dedans son voisinage
De certaine femelle à modeste maintien,
Honnête, douce, accorte, et qui sentait son bien;
On la voyait souvent fréquenter mainte église,
Les gens de son quartier l'appelaient la sœur grise,
Une serge faisait tout son habillement.
Elle portait le noir aux bons jours seulement.

La grande Jeanneton en est d'abord instruite :
Ah ! dit-elle, à Nanon, sa chère favorite,
Tu me trouves, ma bonne, en un piteux état :
Je ne conçois qu'à peine un si lâche attentat !

Hélas ! pourras-tu croire une telle nouvelle ?
Cartouche m'abandonne et n'est qu'un infidelle,
Quoi Cartouche...oui Cartouche, après tant de sermens
Cartouche rompt des nœuds si doux et si charmans.
Il est ensorcelé de certaine drolette ,
D'un petit chien croté dont il a fait l'emplette ,
Et qui ces jours passés n'avait pas de souliers ;
Le traître l'entretient d'habits, linge, paniers,
Perfide ! scélérat ! vrai gibier de galère !
J'ai tout fait, tout osé pour t'aimer, pour te plaire ,
Vergogne, honneur, j'ai tout sacrifié pour toi,
Cependant vois le prix, maraud, que j'en reçoi...
N'y pensons plus : brûlons d'une flamme nouvelle,
C'est l'unique moyen de punir l'infidelle !
J'étais bien sotte encore et bien de mon pays !
   Cartouche, néanmoins, était dans le logis
De sa nouvelle Iris, sa petite sœur grise,
D'une si vive ardeur son âme était éprise,
Qu'il en perdait quasi le boire et le manger.
   Un soir, il se trouva dans un très grand danger.
Le drôle qu'il avait étrillé d'importance,
Ayant gardé toujours un desir de vengeance,
Se déguisa si bien, et si bien l'épia ,
Qu'il découvrit la cache Ah! dit-il, c'est donc là
Il s'en va tout joyeux chercher vite main forte,
Et le guet à l'instant s'empare de la porte.
   La petite servante ; une pinte à la main ,
Qu'elle venait de prendre au cabaret prochain ,
Les voit à ses talons. Lors de grande vitesse ,
Elle court avertir l'amant et la maîtresse.
Quel contretems ! Cartouche à cet avis subit ,
Grimpe vite au grenier et quitte son habit ,

Puis se fait un bonnet avec une serviette.

Les archers pour le mieux surprendre en sa retraite,
Montent sans faire bruit. Enfin nous le tenons,
Se disent-ils tout bas : courage, compagnons,
Il ne peut échapper, c'est au troisième étage.
Cartouche redescend, les rencontre au passage,
Il sort. Ceux qui gardaient les dehors du logis,
Lui demandent d'abord si Cartouche était pris ;
Et si l'on avait fait cette heureuse capture :
Cartouche n'est pas pris encor je vous assure,
Répond-il, en tirant deux coups de pistolet,
Le voici ; lors il part et vole comme un trait.

Les autres cependant cherchent le personnage,
Mais ne le trouvant point, le chef dit : Ah j'enrage !
Par où s'est pu sauver ce scélérat maudit ?
Je pensais bien avoir trouvé la pie au nid ;
Voilà tes beaux avis, diable de malencontre :
A mes yeux, de huit jours si ta face se montre,
De la bonne façon je te régalerai ;
Notre pauvre espion était désespéré.

D'autre côté, Cartouche arpente mainte rue ;
Enfin ne craignant plus la troupe confondue,
Il se repose un peu, car il était fort las ;
Il aperçoit un homme environ à vingt pas :
Il se dit à part soi, bon, voici quelque aubaine :
Il l'aborde. Eh bon soir, mon pauvre la Fontaine,
Lui dit l'homme ivre-mort ; où vas-tu donc ? tu voi
Un vivant bien nourri ; suis-je loin de chez moi ?
De poutres, m'est avis, toute la rue est pleine !
Soutiens-moi, mon ami, car je marche avec peine.
Pour vous aller chercher nous sommes sortis tous,
Dit mon drôle, madame est en peine de vous ;

Venez, la pauvre femme est presque désolée ;
Il le prend sous le bras, entre dans une allée,
Lui dit que c'est sa chambre, et d'un soin obligeant,
L'assied, le déshabille, et lui prend son argent,
Le long de l'escalier, vous couche le bonhomme :
Allons, monsieur, dit-il, dormez, et d'un bon somme.
Faisant semblant, cric, crac, de tirer les rideaux,
L'autre s'endort et fait les rêves les plus beaux.

Cartouche tous les jours se rendait formidable,
Et, secondé des siens, faisait partout le diable :
De vols, d'assassinats ils remplissaient Paris ;
Pour y remédier, on met sa tête à prix.

Un homme que je tais, un juge respectable,
A l'instant mande Huron, cet exempt redoutable ;
Huron vient. D'aussi loin qu'il le voit arriver,
Il lui tient ce discours, afin de l'éprouver :

Huron, as-tu cœur ? A tout autre qu'un maître,
Par la mort, sur-le-champ, je le ferais connaître.
Qu'un si noble couroux pour mon cœur a d'appas !
Et bien, il faut armer ton invincible bras.
Desgrès est sous la tombe, et les voleurs renaissent :
Remplis, remplis sa place, et fais qu'ils te connaissent.
Si Desgrès fut vaillant, je le suis aujourd'hui,
Et ce bras, de la *pousse*, est le plus ferme appui.
Ça, de quoi s'agit-il ? De faire une capture,
Qui doit t'éterniser chez la race future ;
Au surplus, mon ami, pour ne te point flatter,
Je te donne à combattre un homme à redouter ;
Plus que rosseur d'archers, plus que tapeur de mouche,
C'est... De grâce achevez, nommez-le moi ? Cartouche.
Cart... Ne réplique point ; on connaît sa valeur ;
Mais c'est là ce qui doit animer ton grand cœur :

Va contre un arro*ut signaler ton courage,
Mets à propos la ryse et la force en usage,
Entre dans la carrière, et songe bien surtout,
Que deux fois mille écus se trouveront au bout.
L'espoir du gain, dit-il, n'est pas ce qui m'anime ;
Je me sens embrâsé d'un feu plus légitime :
J'avouerai que brûlant d'une noble chaleur,
Je vais contre Cartouche, éprouver ma valeur,
Vous m'envoyez vers lui, c'est ce que je demande.
Cartouche à le cœur grand, l'esprit grand, l'âme grande,
Mais fût-il Alexandre, ou Pompée, ou César,
Je vous l'amèuerai poings liés à mon char.
    Il rencontre en sortant l'Eveillé son fidelle,
Lui fait part en marchant d'une telle nouvelle :
J'attaque un ennemi presque toujours vainqueur :
Mais j'aurai trop de force, ayant assez de cœur ;
Du bruit de son grand nom mon âme importunée,
Attend depuis longtems cette heureuse journée.
Oui, je cours assaillir ce superbe assaillant,
Je suis ce téméraire, ou plutôt ce vaillant ;
Le succès néanmoins pourrait bien me confondre,
Mais des coups du destin je ne dois pas répondre :
Dussè-je, en le cherchant, rencontrer le cercueil,
La gloire de ce choix m'enfle d'un juste orgueil ;
Agissons, il est tems, montrons notre courage :
Acquittons-nous des soins où Thémis nous engage.
Quand les dieux étonnés semblent se partager,
Décidons en ce jour ce qu'ils n'osent juger,
Cherchons ce sacripant, frottons-le comme un diable,
Faisons-lui perdre enfin ce titre d'imprenable.
Que la trompette creuse, avec sa rauque voix,
Dans les murs de Paris fanfare mes exploits.

J'approuve ce grand cœur, j'admire votre audace ;
Mais connaissez-vous bien quel péril vous menace?
Dit l'autre ; nous pourrions nous en tirer fort mal ;
Un Cartouche n'est pas un traitable animal ;
Bref, si nous l'attaquons, pensez aux conséquences.
J'y pense, j'y repense, et plus que tu ne penses :
Considérez, reprit le prudent l'Éveillé,
Comment, n'étant qu'archer, il vous a houspillé,
Combien sur nos pareils il a fait de carnage,
Combien de sang... Seigneur, vous changez de visage.
   Je l'avoue, et tu m'as, peu s'en faut, fait trembler ;
Mon courage revient, je le sens redoubler :
Allons, n'écoutons plus mon indigne faiblesse,
Fortune aveugle suit aveugle hardiesse.

CHANT NEUVIÈME.

D'AUTRE côté, Cartouche étant bien averti
Du dessein que l'on a, prend vite son parti,
Se résout à sortir de sa natale terre :
Dès longtems il brûlait d'aller en Angleterre,
Ayant ouï parler du fameux Jean Shepard* :
L'occasion s'offrant, il hâte son départ,
Seul de ses favoris, Balagny l'accompagne ;
Il franchit avec lui la liquide campagne,
Après avoir laissé dans les plus dignes mains,
Avec tous ses secrets ses ordres souverains.
Il débarque, et soudain il passe la Tamise.
   Près de la ville il voit un homme à couleur bise ;

---

* Fameux voleur, et le Cartouche de l'Angleterre.

Ils jettent à la fois l'un sur l'autre les yeux,
Pleins d'admiration se regardent tous deux :
Le cœur leur dit tout bas ; c'est lui, c'est cet Hercule,
Le conquérant fameux, ton brave et digne émule ;
Car l'Anglais connaissait de nom notre Français !
Quels lieux n'avait-il pas rempli de ses hauts faits),
Sur ce pressentiment ils vont à l'embrassade,
Ils se baisent cent fois. Et, bonjour, camarade ;
Camarade, bonjour ; bonjour plus de cent fois ;
D'aise ils étaient ravis jusques au bout des doigts.

La France désormais le cède à l'Angleterre,
Dit Cartouche à Shepard : trop heureuse la terre
Qui possède un héros si grand, si glorieux,
Qu'on doit placer un jour au rang des demi-dieux.

Pour montrer que chez lui l'on n'était pas des souches,
Si Londre a ses Shepards, Paris a ses Cartouches,
Répond l'Anglais poli ; mais gagnons ma maison,
Je vous y veux traiter de la bonne facon.
Ils arrivent tous trois dans une belle salle,

Où le noble Shepard de son mieux les régale,
Leur apprend de son art tous les détours cachés,
Ils sont à ses discours par l'oreille attachés,
Mais Cartouche surtout avait l'âme ravie.
Désormais sans regret je quitterai la vie ;
Puisque j'ai vu, dit-il, un si grand ouvrier ;
Je ne suis près de vous qu'un petit écolier ;
Mais que n'apprend-on point sous vous quand on s'applique ?
Je vais mettre si bien vos leçons en pratique,
Me perfectionner, faire de si grands coups,
Que le récit à Londre en viendra jusqu'à vous.
Ils contractent ensemble éternelle alliance :
Si je pouvais un jour vous posséder en France,

Je vous régalerais de nos excellens vins ;
Il prenait cependant leçon tous les matins.

Ils restent quinze jours encore en Angleterre :
Balagny possédait un petit bout de terre
Auprès de Bar-sur-Seine, et depuis fort longtems,
Il n'en pouvait toucher aucuns émolumens.
Il forme le dessein de s'y rendre en personne,
Et d'y passer tous deux le reste de l'automne.
Ils font donc leur paquet, songent à leur départ,
Et vont prendre congé du généreux Shepard ;
Ils se jurent tous trois une amitié constante.

Un favorable tems remplissant son attente,
Cartouche se rembarque avec son cher second ;
Ils voguent quelque tems dans un calme profond ;
Mais bientôt tous les vents leur livrent cent batailles,
La mer voit entr'ouvrir ses profondes entrailles ;
Et les fréquens éclairs dont les yeux sont frappés,
Ne donnent que des jours affreux, entrecoupés.
Le matelot troublé, que son art abandonne,
Croit voir dans chaque flot la mort qui l'environne ;
Le vaisseau malheureux est partout attaqué ;
Il n'est saint dans le ciel qui ne soit invoqué.
Cartouche est interdit, et dans sa juste crainte,
Ce héros consterné profère cette plainte :

O vous ! chers compagnons, qui parmi les combats,
Avez su rencontrer un glorieux trépas,
Que vous êtes heureux ! que je vous porte envie !
Vous avez noblement terminé votre vie.
Il n'en est pas ainsi de moi, pauvre chétif :
Hélas ! triste jouet de mon destin rétif,
D'un glorieux trépas la fortune me frustre ;
Je ne crains point la mort, mais je la veux illustre ;

Expirer sans combattre est l'unique malheur,
Qui doive d'un guerrier alarmer la valeur ;
Faut-il vilainement être mangé des soles ?
Après avoir lâché ces piteuses paroles,
Il devient plus tranquille, il fait son testament,
Et se prépare enfin à tout événement.
Son heure n'était pas pour lors encor venue.

Au bout de quelque tems se dissipe la nue :
L'orage cesse, l'air tout-à-coup s'éclaircit,
Des vents brise-vaisseaux l'haleine s'adoucit.

Les passagers s'étant de la mer crus la proie,
Échappés du péril, se livrent à la joie ;
On arrive, on débarque, et nos deux bons amis,
S'acheminent à Bar, comme ils s'étaient promis.

Ils n'y sont pas plutôt, qu'une jeune fillette
De seize ans environ, jolie et très bien faite,
Saute au cou de Cartouche en s'écriant : Ah dieu !
Mon cher frère, est-ce vous que je vois en ce lieu ?
Venez ; que vous allez ravir d'aise ma mère.
Hélas ! depuis dix ans elle se désespère,
La pauvre femme ; enfin, vous êtes arrivé.
Mais la voici. Maman, mon cher frère est trouvé ;
Le voilà. Qui, mon fils ? Serait-il vrai, ma fille ?
Oui ; c'est lui ; je revois l'espoir de ma famille :
Je t'embrasse, à la fin, mon enfant, mon mignon,
Bâton de mes vieux ans, mon cher Jean Bourguignon.
Cartouche à ce discours ne savait que répondre,
Et n'osait dire un mot de peur de tout confondre.

La vieille, sans tarder, l'emmène en son logis :
Eh bien, dit-elle alors, eh bien donc, mon cher fils,
Conte-moi maintenant toutes tes aventures ;
Tu dois avoir souffert les peines les plus dures :

Cartouche.   4

As-tu des perroquets, des guenons, des magots?
Et ce qui vaut bien mieux , as-tu force lingots?

Notre faux Bourguignon conclut dedans son Â ne ,
Qu'il ressemblait beaucoup au fils de cette femme ;
Qu'il fallait que ce fils fût encor au Pérou.
Ah ! dit-il à part soi , je serais un grand fou ,
Si j'allais refuser une pareille aubaine !
Il ne s'en trouve pas quatorze à la douzaine ;
Profitons-en. Ma mère,-au pays d'où je viens,
J'avais , par mes travaux , amassé de grands biens ;
J'avais rubis , lingots, perroquets et perruches ,
De toutes les couleurs , magots, singes, guenuches ,
Je revenais chargé de ce bien précieux ;
Et brûlais du désir d'arriver en ces lieux,
Comptant entre nous trois d'en faire le partage,
Lorsque j'ai tout perdu par un cruel naufrage.

Quoi ! dit-elle, le sort a trahi ton espoir !
Mais je suis trop heureuse encor de te revoir.
Console-toi mon fils, ne quitte plus ta mère,
Reste avec ton ami , fais ici bonne chère :
Aussi faisait le drôle , il vivait à gogo,
Et jusques à midi restait dans son dodo.

Balagny, cependant, va visiter sa terre ;
Un certain procureur en faisait bonne chère ;
Mais , sachant bien , malgré son esprit chicanier,
Qu'il faudrait tôt ou tard contenter l'héritier,
Il fait luire à ses yeux une légère somme ;
Balagny, bien instruit de l'humeur de cet homme,
Tope à tout , et consent à ce que l'autre veut ;
D'une mauvaise paie on tire ce qu'on peut.

Il revient au plutôt trouver son capitaine,
Qui du matin au soir remplissait sa bedaine ;

Comme un heureux rentier au lit restait fort tard,
En moins de quatre mois, il devint gras à lard.

Il s'ennuie à la fin de cette vie oisive,
Le repos lui déplaît; son âme trop active
Ne peut plus demeurer tranquille dans son sein,
Et d'ailleurs dans sa tête il roulait un dessein.

Ses amis, d'autre part, apprenant son asile,
Lui mandent de venir au plutôt à la ville :
Qu'il y peut arriver sans bruit et sans éclat,
Qu'il est presqu'oublié du peuple et du sénat ;
Que tous ses compagnons souffrent de son absence,
Qu'ils ont tous tant qu'ils sont besoin de sa présence ;
C'est ce qui lui fut dit par quatre députés.
Amis, asseyez-vous, dit-il, et m'écoutez :

Vous ne pouviez me faire un plus charmant message;
Je médite un dessein digne de mon courage ;

Mais, que dis-je, il n'est pas médité d'aujourd'hui :
Je ne manquai jamais du cœur, et si j'ai fui,
Ainsi me l'ordonnait la fortune ennemie ;
Mais vous savez trop bien l'histoire de ma vie,
Pour croire que toujours soigneux de me cacher ;
J'attende en ce pays qu'on me vienne chercher ;
Non, non, ne craignez point qu'une indigne mollesse
Captive plus longtems mon oisive jeunesse :
La vigueur de mon bras se perd dans le repos.
Eh! que diraient de moi tant de braves héros ?
Les tems sont arrivés : enfin l'heure est venue,
Qu'il faut que mon secret éclate à votre vue ;
Loin de vouloir ici plus longtems me cacher,
C'est contre le sénat que je prétends marcher.
Jamais contre Thémis entreprise conçue,
Ne permit d'espérer une si belle issue :

Ainsi, sans perdre tems par de plus longs délais,
Il la faut attaquer jusques dans son palais.
Thémis, à nos guerriers, n'a fait que trop d'outrages:
Vous dirai-je les noms de ces grands personnages,
Ces demi-dieux mortels qu'elle a publiquement
Fait, sans aucun égard, périr honteusement?
Louplat, Sans-Quartier, Belle-Humeur, La Rondache,
Brise-Mâchoire, Harpin, Barry, Brûlemoustache,
Tant d'autres, dont les noms me sont presque échappés,
Et mille autres encor que la *pousse* a grippés.
Leur mémoire, à Paris, est encor précieuse;
Mânes trop généreux! ma main victorieuse
Va vous venger, Partons, c'est trop de tems perdu:
Brûlons ce Châtelet où j'étais attendu,
Détruisons son pouvoir, et faisons disparaître
La honte de vingt chefs, et la mienne peut-être,
Et la flamme à la main effaçons tous ces noms
Que le greffe y consacre à d'éternels affronts.
  Aussitôt à partir la troupe se dispose:
Il charge Balagny d'apprêter toute chose.
  Nous touchons, lui dit-il, à cet heureux moment:
C'en est fait, nous allons nous venger pleinement.
Partons; mais si le sort trahissant notre attente,
N'allait pas seconder le dessein que je tente,
Mourons, cher Balagny, moi, comme chef, et toi,
Comme le lieutenant d'un homme tel que moi.
  Arrivé dans Paris, il descend chez sa belle,
L'embrasse tendrement, soupe et couche chez elle;
Puis, ayant satisfait ses désirs enflammés,
Va trouver ses amis, de le revoir charmés:
Il les informe tous du projet qu'il médite.
  Lors, chacun lui rendant compte de sa conduite,

Il puuit , récompense , et fait avec éclat
Toutes les fonctions d'un digne potentat.

~~~~~~

CHANT DIXIÈME.

DANS le nombre infini de ces réduits charmans,
Lieux où finit la ville , où commencent les champs ,
Il est une guinguette au bord d'une onde pure ,
Où l'art a joint ses soins à ceux de la nature ;
Séjour par les plaisirs jour et nuit habité ;
Où l'air qu'on y respire est plein de volupté.
Dans ce charmant réduit , qu'on nomme la Courtille ,
Lieu fatal à l'honneur de mainte et mainté fille ;
Cartouche et ses amis firent un grand repas ;
Les vins étaient plus chauds qu'ils n'étaient délicats.
Chacun à qui mieux mieux courtisait sa chacune ,
Et Cartouche en contait à la blonde , à la brune ;
Mais certaine Lisette avait surtout son cœur.
A ce tendron nouveau , notre héros vainqueur ,
Prodiguait les sermens , les baisers , les caresses ,
Et la belle au héros laissait toucher ses...tresses ;
Cartouche , ivre d'espoir , sur son front amoureux ,
D'une main caressante arrangeait ses cheveux.
   Chacun suit son exemple , et l'on boit de plus belle.
Que ces gazons sont verts ! Que la guinguette est belle ,
Dit Cartouche à Lisette en la mangeant des yeux !
Votre aspect , ma déesse , embellit seul ces lieux.
Non , jamais je ne vis beauté plus accomplie ;
Ni plus... Pour belle , non ; je ne suis que jolie.

4*

Répond-elle à l'instant d'un petit air sucré.
Vous êtes un gausseur. Oh, de force ou de gré,
Ces messieurs avoueront, n'en déplaise à ces dames...
Je veux sur votre nom faire des anagrammes,
Des sonnets, des chansons, des.... Je veux en un mot
Employer comme il faut le plus sublime argot.
Je me surpasserai. Que vous serez contente,
Vous qui parlez si bien cette langue charmante !

   Mais, à propos d'argot, dit alors Limosin,
Ne m'apprendrez-vous pas, vous qui parlez latin,
D'où cette belle langue a pris son origine ?

   De la ville d'Argos (et je l'ai lu dans Pline),
Répondit Balagny. Le grand Agamemnon
Fit fleurir dans Argos cet éloquent jargon.
Comme sa cour alors était des plus brillantes,
Les dames de son tems s'y rendirent savantes.
Electre le parlait, dit-on, divinement,
Iphigénie aussi l'*entravait gourdement*.
Jusqu'aux champs Phrygiens les Grecs le transportèrent,
Tous les chefs en argot leurs soldats haranguèrent,
Connaissant quelle était sa force et sa vertu
Pour pouvoir relever un courage abattu.
J'ai vu, s'il m'en souvient, dans Ovide ou Virgile,
Que lorsqu'on disputa pour les armes d'Achille,
L'éloquent roi d'Itaque en eût été le sot,
S'il n'eût pas su charmer ses juges en argot.

   Tu dis vrai, Balagny, reprit alors Cartouche ;
Mais cette langue sort d'une plus vieille souche,
Et j'ai lu quelque part dans un certain bouquin
D'argot traduit en grec, de grec mis en latin,
Et depuis en français, que Jason et Thésée,
Hercule, Philoctète, Admète, Hilas, Lincée,

Castor, Pollux, Orphée, et tant d'autres héros,
Qui *trimèrent pincer* la toison à Colchos,
Dans le navire Argot pendant leur long voyage,
Inventèrent entr'eux ce sublime langage,
Afin de mieux tromper le roi Colchidien,
Et que de leurs projets il ne soupçonnât rien.
　　Après que la toison par eux fut *embandée,*
Jason, à son retour, l'apprit à sa Médée,
Qui depuis s'en servit dans ses enchantemens.
Hercule, en ses travaux, l'employa fort longtems.
Thésée, en ses exploits, Orphée en sa musique,
Avec utilité le mirent en pratique.
Enfin, tous les *doubleurs* de la riche toison :
De leur navire Argot lui donnèrent le nom.
Amis, voilà quelle est son étymologie.
Mais quel auteur, rempli de force et d'énergie,
Transcrira notre vie à la postérité?
Saura-t-on seulement si nous avons été?
Celui qui décrivit la colère d'Achille,
Celui qui construisit pour Enée une ville,
Le chantre d'Alexandre, et celui de Roland,
Auraient bien du venir dans le siècle présent!
Quelle source pour eux! Combien leurs doctes plumes
Auraient décrit de faits! entassé de volumes!
Hélène, cet objet si rare et si vanté,
Aurait cédé la place à ma divinité.
Hélas! pourquoi faut-il que mon esprit ne vaille
Celui qui mit jadis les souris en bataille?
En dépit des jaloux de mes épiques vers,
Le nom de mon bel ange eût couru l'univers.
　　Cependant, à Lisette, on offre une ariette,
Nul ne peut la chanter aussi bien que Lisette ;

Elle fut autrefois ouvreuse à l'Opéra ;
Elle chante : en chorus chacun répétera.

Air : *Ton joli, belle Meunière, ton joli moulin.*

*Fanandels, en cette piolle
On vit chenument ;
Arton, pivois et criolle,
On a gourdement :
Pitanchons, faisons riolle
Jusqu'au jugement.*

*Icicaille est le théâtre
Du petit Dardant ;
Fonçons à ce mion foldtre
Notre palpitant :
Pitanchons pivois chendtre
Jusques au luisant.*

Ma déesse, il n'est rien d'approchant, dit Cartouche,
Appuyant tendrement un baiser sur sa bouche.
Qu'en dites-vous, amis ? n'est-ce pas bien chanté ?
Quelle voix ! de plaisir je suis tout transporté !
N'est-il pas vrai, messieurs, qu'elle est incomparable !
Un certain air mutin la rend toute adorable.
Le soleil excitant ses coursiers ralentis,
Avait plongé ses feux dans le sein de Thétis.
Lorsqu'un grave vieillard à mine vénérable,
Arrive, les entend, les trouve encore à table :
Et voyant que chacun trop longtems aime et boit,
Il leur tient ce discours, d'aussi loin qu'il les voit :
Qu'est ceci, mes enfans ? écoutez-vous vos flammes ?
Et perdez-vous ainsi le tems avec les femmes ?

C'est par trop longtems boire , aimer et babiller ;
Il est, vous le savez, heure de *maquiller* :
Levez-vous ; finissez bonne chère et musique,
Partez, et travaillez pour le bien de la clique ;
C'est trop, indignes cœurs, vous devriez rougir
D'un si lâche repos, quand il est tems d'agir.
Cartouche lui répond : Si la joie est un crime,
Non, un cœur généreux n'en est point la victime :
Qu'au travail au plutôt chacun soit assidu,
Et réparons le tems que nous avons perdu.

CHANT ONZIÈME.

Dans certaine cité qu'en mille endroits on prône ,
Située au beau milieu de la Saône et du Rhône ,
Par son esprit adroit, brillant depuis longtems,
Pélissier faisait la pluie et le beau tems.
Il passait dans ce lieu pour homme d'importance :
Il jouait, régalait, faisait grosse dépense.
A son air de candeur les plus fins étaient pris.
Il passait quelquefois les étés à Paris,
Puis revenait l'hiver dans cette aimable ville.
C'était là qu'à la clique il était plus utile.
Dans chaque occasion propre à faire un bon coup,
Il les avertissait : c'était faire beaucoup.
Ils savaient surement par cette intelligence,
Le lieu, l'heure où devait passer la diligence
Quand elle transportait de l'or ou de l'argent.
Alors à l'attaquer nul n'était négligent.
Ils étaient grassement bien payés de leurs peines.
Et revenaient toujours à Paris les mains pleines.

Parmi ceux de la bande était certain voleur ,
Nommé le Févre , ayant jadis eu de l'honneur.
Il avait beau se voir de quoi vivre à son aise ,
Il lui venait par fois certaine sinderese.
Cependant il n'osait demander son congé ,
Et la peur , malgré lui , le tenait engagé.
Il avait eu déjà quelque légère envie
De les découvrir tous pour conserver sa vie ,
Etant sur de sa grâce après cette action ;
Et d'exercer après quelque profession.

Le pénétrant Cartouche , avec sa défiance ,
Résolut , sans tarder , d'en obtenir vengeance ,
Etant très convaincu que dans l'état présent ,
Le plus léger soupçon devenait suffisant ,
Et qu'il valait bien mieux , dans un doute semblable ,
Perdre cent innocens que sauver un coupable.

Revenant de souper , le pauvre malheureux ,
Trouve en chemin Cartouche assez près des Chartreux:
Lequel , accompagné de Gripaut , de la Branche ,
Et de Duchâtelet ; au dessus de la hanche
Lui plonge son poignard ; et , secondé des siens ,
Le fait galopper vite aux champs élisiens.
Son âme en un instant de son corps se sépare.
Soudain Duchâtelet , d'une façon barbare ,
Vous lui tire le cœur , l'attache sur son sein ,
Puis met un écriteau griffonné de sa main ,
Avec ces mots qu'avait dictés le capitaine :

« *Qu'on ne nous taxe point de fureur inhumaine ,*
» *L'équité seule a fait ce que vous pouvez voir*
» *Pour apprendre à chacun à remplir son devoir.*
» *De ses remords , le Févre a reçu le salaire ;*
» *Ainsi puisse périr tout traître , tout faux-frère.* »

Après cette action, le chef revint content,
Il nous fallait, dit-il, ce supplice éclatant ;
Il importe au salut de notre république.

Or, un jour qu'il faisait chez lui leçon publique,
Certain jeune garçon se présente à ses yeux,
Qui, d'abord adressant la parole au plus vieux :
Est-ce là le seigneur Cartouche ? C'est lui-même.
Monsieur ? je suis tout vôtre, et ma joie est extrême
De pouvoir saluer en toute humilité
Cet homme dont le nom est partout si vanté :
Je brûle dès longtems d'être de vos confrères,
Et de m'initier dans vos sacrés mystères.
Mon père jusqu'ici (c'est un ladre, un vieux fou),
Ne m'a jamais, monsieur, lâché le moindre sou ;
Mais j'espère avec vous gagner force pistoles.
Cartouche, à ce discours, répond par ces paroles :

C'est en vain, mou enfant, qu'un timide voleur
Croit de l'art de voler atteindre la hauteur,
S'il ne sent pas du ciel l'influence admirable,
Si son astre, en naissant, ne l'en forma capable :
Dans les moindres dangers il est toujours craintif ;
Pour lui Laverne est sourde et Mercure est rétif.

O vous donc ! qui brûlant d'une ardeur périlleuse,
Courez des grands voleurs la carrière épineuse,
Ne venez pas ici ce bel art ravaler,
Ni prendre pour valeur une ardeur de piller ;
Craignez, craignez du gain les trompeuses amorces ;
Et consultez longtems votre cœur et vos forces,
Si vous prétendez être un voleur achevé :
Il y faut longue étude et travail cultivé,
Ce métier-ci n'est pas si facile qu'on pense,
Mon fils, la vie est courte, et longue est la science.

Pourquoi faut-il que l'homme, au trépas destiné,
Pour devenir savant ait un tems si borné !
Pendant qu'un double siècle en sa vile nature,
Une corneille, un cerf, pait, vole, vit, pâture.

Vous avez, j'y consens, quelques sots détroussés,
Reçu quelques coups, soit, mais ce n'est pas assez :
Détrompez-vous ; tel croit être homme de courage,
Qui n'en a que le nom. Que c'est un rare ouvrage
Qu'un voleur achevé ! qu'un héros tel que nous !
Mais on en voit si peu ! je crève de courroux,
Quand je vois cent poltrons dans le siècle où nous sommes,
Auprès de nos pareils se croire de grands hommes.
Voyons si vous avez bonne vocation,
Et contez-nous un peu quelque rare action.

Je ne vous dirai point, répondit le jeune homme,
Que j'aie encore atteint à quelque grosse somme.
J'ai fait de petits vols que je compte pour rien ;
Mais j'en crois mon courage, et j'en augure bien :
D'une noble chaleur je sens mon âme atteinte.
Jeune et dans l'âge heureux qui méconnait la crainte,
Je suis prêt d'affronter les périls les plus grands ;
Ma jeunesse, mon cœur, m'en sont de surs garants :
Avant que deux moissons jaunissent les campagnes,
Avant que deux hivers blanchissent les montagnes,
De tous vos ennemis je veux être l'effroi :
Votre exemple est d'ailleurs une règle pour moi.
On dit, vous le savez, que votre destinée,
Dans la Grève, en sa fleur, doit être moissonnée ;
Malgré le pronostic, on voit votre grand cœur,
Courir après la gloire. Ah ! voulez-vous, monsieur,
Que méprisant honneur, et valeur et richesse,
J'attende chez mon père une obscure vieillesse ?

Je sais faire à propos un coup d'estramaçon ;
C'est un mort bien complet qu'un mort de ma façon ;
Mais vous pouvez périr voulant suivre Bellone :
Eh bien ! je périrai, si le destin l'ordonne ;
C'est un point résolu, l'on m'en détourne en vain ;
Je ne saurais périr pour un plus beau dessein.

Vous promettez assez, repart le capitaine ;
Mais chez vous, mon enfant, je veux qu'on vous ramène ;
Allons chez le papa ; s'il n'en use pas mieux,
Vous pourrez me venir retrouver en ces lieux.
Partons. Chemin faisant, le menant à son père,
Il tire de sa poche une somme légère,
Prenez ceci ; prenez, et tâchez cependant
D'être, si vous pouvez, plus sage et plus prudent.
Monsieur, dit-il au père, approchant de sa couche ;
Je ne suis pas connu de vous, je suis Cartouche ;
Votre fils est venu me trouver aujourd'hui ,
Grâce au bon naturel que vous avez pour lui :
Jamais il n'a de vous reçu la moindre obole ;
Il faut aux jeunes gens donner quelque pistole ,
S'entend avec prudence et mesure, autrement ,
La jeunesse se perd indubitablement ;
Si j'avais , comme un autre, une âme lâche et basse,
Voyez quelle eût été, monsieur, votre disgrâce !
Ne le querellez point ; il faut lui pardonner ;
Il va vivre autrement , et se mieux gouverner ;
J'en réponds. Que l'amour paternel vous touche :
Je suis, de tout mon cœur, votre valet, Cartouche.

Le pauvre vieux bonhomme, étendu dans son lit ,
A peine respirait, de frayeur interdit :
Il en eut tout au moins la fièvre trois semaines ;
Il promet à son fils d'oublier ses fredaines,

Cartouche.   5

Cartouche ne songeait qu'à mettre à plein effet
Son important dessein touchant le Châtelet.
Il arrange si bien cette affaire secrète,
Qu'il compte que dans peu c'est une chose faite :
Le coup est grand, dit-il, mais pour être approuvés,
De semblables projets veulent être achevés.
    Son cadet vint un jour le trouver chez sa belle :
Ah ! mon frère, apprenez une triste nouvelle,
Le pauvre Belle-Humeur vient d'être repassé
Par trois nigauds d'archers ; il est même blessé :
S'il n'eût couru bien fort, c'était fait de sa vie.
Quoi ! le coquin a fui ? dit Cartouche en furie ;
Le poltron, le faquin montre si peu de cœur ?
Ah ! que m'apprenez-vous ? ciel ! où donc est l'honneur ?
Le lâche a donc perdu tout le soin de sa gloire ?
Fuir devant trois archers ! non, je ne le puis croire.
Hélas ! il fallait bien malgré lui qu'il courût ;
Que vouliez-vous qu'il fît contre trois ?—Qu'il mourût.
Qu'il tentât tout, du moins, pour avoir l'avantage :
On vient à bout de tout avec un grand courage.
Un jour il m'en souvient, attaqué seul par trois,
J'en laissai deux sans vie, et mis l'autre aux abois.
Le perfide mourra de mes mains, je le jure ;
Me punisse le ciel, si je deviens parjure :
Oui, je le jure encor; ces mains, ces propres mains,
Effaceront l'affront de nos Cartouchiens.
    Cartouche se sentant suffoquer par la bile,
Descend pour prendre l'air, va jusques hors la ville,
Où cherchant sur quelqu'un à passer son chagrin,
Sur différens passans il fait quelque butin.
Enfin, las, fatigué de battre la campagne,
Il voit une maison au bas d'une montagne ;

Il demande à parler à la dame du lieu :
Il entre, il s'en approche : elle était près du feu.
Vous voyez devant vous Dominique Cartouche,
Dit-il ; vous pâlissez ! mon nom vous effarouche !
N'ayez aucune peur, vous me connaissez mal,
Je ne viens point ici pour vous faire du mal :
Je viens vous demander seulement un asile
Jusqu'à demain matin, et soudain je fais Gille.
Gardez de rien tenter ; au reste, en votre effroi,
Et de vouloir armer tous vos gens contre moi :
Les miens ne sont pas loin ; ils sont bien vingt ou trente,
Et dans votre maison vous brûleraient vivante ;
Nous n'en viendrons pas là, si, de votre côté,
Vous observez les droits de l'hospitalité :
Je suis las, et de plus affamé comme un diable :
Soupons, si vous daignez l'avoir pour agréable.
C'est, dit-elle, en tremblant, pour moi beaucoup d'honneur :
Vite, que l'on apporte un couvert à monsieur.
Ils se mettent à table, il entretient la dame :
Vous jugez mal de moi, sans doute dans votre âme,
Dit-il ; mais un esprit qui pense mûrement,
Sans rien précipiter, suspend son jugement.
Quand le mari de Rhée, au siècle d'innocence,
Gouvernait doucement le monde en son enfance,
Les biens étaient communs ; et les hommes entr'eux,
Sans souci, sans désirs, passaient des jours heureux ;
Bientôt d'ambition les esprits s'enivrèrent.
Des biens communs à tous, les plus forts s'emparèrent :
C'est de là que sont nés arts, sciences, talens ;
Les hommes trop heureux, étaient trop indolens ;
Pour pouvoir subvenir aux besoins de la vie,
Chacun, depuis ce tems, exerce son génie ;

J'exerce donc le mien, mais fort humainement,
Et je n'occis jamais qu'à mon corps défendant :
Je suis tant que je puis, humain, doux, pitoyable,
Et dans tous mes sermens surtout inviolable.

La dame, à ce discours, se rassure un petit,
Et commence, à son tour, d'avoir de l'appétit.
Pourrai-je hasarder, dit-elle, une prière?
Excusez, si je suis un peu trop familière ;
Mais on conte de vous tant de faits glorieux,
De grâce, contentez mon désir curieux,
Daignez les raconter, je vous donne audience.

Ce n'est qu'un faible essai de ma reconnaissance,
Reprit-il ; je prétends quelque jour vous prouver
Que ce qu'on fait pour moi, l'on sait le retrouver :
Sans tarder, tout au long il raconte sa vie,
Laquelle rend la dame étonnée et ravie.
Après qu'il eût fini, le sommeil le gagnant,
Elle le fait mener dans son appartement,
Il ferme bien la porte, il éteint la lumière,
Et fort tranquillement passe la nuit entière.
Dès que le jour paraît, il saute à bas du lit,
S'habille promptement ; et sans faire de bruit,
Descend ; par le portier se fait ouvrir la porte :
Il faut tout maintenant, mon ami, que je sorte,
Lui dit-il, je me suis trop longtems arrêté ;
Tenez, prenez ceci, buvez à ma santé :
Faites mes complimens, s'il vous plaît, à madame ;
Dites-lui qu'à jamais j'aurai gravé dans l'âme
Le secourable accueil qu'on me fit hier au soir ;
Que je suis bien fâché de partir sans la voir.
Le jour même il envoie à cette hôtesse aimable,
Cent... uteilles de vin d'au Champagne admirable

Ce n'est pas le seul bien de lui qu'elle reçut,
Car, comme un soir fort tard la troupe l'aperçut,
Prête d'être volée, il reconnaît la dame,
Et crie à haute voix : Laissez passer madame.
S'approchant promptement d'un air soumis et doux :
Madame, allez, dit-il, tranquillement chez vous.
En acceptant de moi ce bijou magnifique,
N'appréhendez plus rien de ceux de notre clique ;
Lors il lui met au doigt un diamant de prix.

Elle arrive chez elle, et reprend ses esprits,
Ne cessant d'admirer le généreux Cartouche,
Ce noble procédé sensiblement la touche ;
Elle a regret qu'un cœur si grand et si bien né,
Ne se soit pas au bien tout entier adonné.

Le soir d'après il va pour chercher aventure :
Le ciel était couvert ; malgré la nuit obscure,
Il aperçoit Huron qui retournait chez lui.
Un favorable sort me conduit aujourd'hui ;
J'aperçois l'ennemi dont nous sommes en quête,
Lors, élevant la voix : Arrête, Huron, arrête ;
Il le joint sur le champ, tenant le fer levé :
Tiens, tiens, voilà le coup que je t'ai réservé ;
Va dedans les enfers joindre tes camarades,
Leur compter le succès de tes fières bravades.
Il fond au même instant sur le tremblant Huron,
De son glaive lui fend le chef jusqu'au menton,
Son sang coule à grands flots, une nuit éternelle
D'un sommeil ténébreux assiége sa prunelle,
Il meurt. L'autre s'écrie : ainsi sera traité
Qui d'arrêter Cartouche aura la vanité.

Alors plus que jamais on tâche de le prendre ;
Mais comme il pare tout, quoiqu'on ose entreprendre,

Que malgré tant de soins il s'esquive toujours,
Pour ne le plus manquer, au piège on a recours.
On se doute, on soupçonne avec grande apparence,
Qu'avec Duchâtelet il est d'intelligence.
Un officier connu fait venir ce dernier :
Il lui dit qu'il sait tout, et qu'il a beau nier ;
Qu'il sera rompu vif, s'il ne livre Cartouche.
Soudain, la larme à l'œil, les sanglots à la bouche,
Le soldat, dans deux jours, promet de le livrer,
Pourvu que de sa grâce on daigne l'assurer.

Comme il l'avait promis il sut tenir parole,
Se comporta si bien, joua si bien son rôle,
Agit si prudemment, qu'avec trente soldats,
Commandés d'un sergent, il ne le manque pas*.

Qui pourrait exprimer la joie universelle
Que causa dans Paris cette grande nouvelle,
Dès qu'on sut qu'on tenait ce lion si rusé !
La prise d'une ville en aurait moins causé.

CHANT DOUZIÈME.

Les ombres de la nuit couvraient la terre et l'onde,
Et le repos régnait dans une paix profonde,
Quand Louison, dans les bras d'un sommeil effrayant,
Encor toute en sueur se réveille en criant.

De Cartouche c'était la sultane régnante,
Depuis plus de six mois cette nouvelle amante,
Dans des liens étroits le tenait enchaîné ;
Elle éveille sa sœur, et d'un air consterné,

---

* Il fut pris près de la Haute-Borne, dans un cabaret qui
avait pour enseigne le Pistolet.

Lui dit : Je viens de faire un rêve épouvantable,
Effroyable, exécrable, horrible, abominable,
Dont le seul souvenir donne de la terreur.
Sachons donc ce que c'est que ce rêve, ma sœur.

 Je l'ai vu cette nuit, ce malheureux Cartouche,
Pâle, défiguré, l'air morne, l'œil farouche ;
Il semblait revêtu de ce triste haillon,
Qu'une ombre désolée emporte à Montfaucon.
Le soleil faisant place à l'horreur des ténèbres,
Je n'ai vu près de lui que fantômes funèbres ;
Tout inspirait l'effroi dans ces funestes lieux,
Il me voit, il m'appelle, il me fait ses adieux.
Ensuite, de recors une innombrable troupe,
Le prend tout à la fois par le flanc, par la croupe.
Je vois l'exécuteur arriver à grands pas,
Une barre à la main pour lui casser les bras ;
En vain, à son secours, je réclame Laverne,
Ses cruels ennemis, que la rage gouverne,
A la triste lueur d'un lugubre flambeau,
Le traînent à l'instant vers un affreux tombeau.
Tout en frémit d'horreur, le ciel, l'onde, la terre ;
Et le songe finit par un coup de tonnerre.

 Bannissez, bannissez une vaine terreur,
Votre amant va bientôt dissiper cette erreur.

 Je le crois ; mais pourtant, ma sœur, voici l'aurore.
Il est déjà grand jour, il ne vient point encore.
Cartouche ne vient point, momens trop rigoureux !
Que vous paraissez lents à mes rapides vœux !

 On tenait cependant la fleur des capitaines,
Au fond d'un noir cachot, où garotté de chaînes,
L'infortuné héros, sans espoir, sans secours,
Exprime sa douleur par ce triste discours :

O rage ! ô désespoir ! ô justice ennemie !
N'ai-je donc triomphé que pour cette infamie ?
Et n'ai-je exécuté tant de travaux guerriers,
Que pour voir en un jour flétrir tous mes lauriers ?
O décevant oracle ! ô funeste aventure !
Tout ceci pour mon règne est de mauvais augure.
La fortune a sa roue, et se moque de nous ;
Tantôt on est dessus, tantôt on est dessous.
Ah ! si la liberté devait m'être ravie,
Trop funeste ennemi du bonheur de ma vie,
(Traître Duchâtelet), devait-ce être par toi ?
Ah perfide ! est-ce ainsi que tu gardes ta foi ?
Eût-on pu soupçonner cette action horrible ?
Est-ce donc là l'effet de ce serment terrible !
Infâme ! scélérat ! Ganelon le Félon !
Trop indigne Judas ! exécrable Sinon !
Je me trompe, Sinon ne fut jamais un traître ;
Toi, tu trahis ton chef, ton seigneur et ton maître.
Ma chère liberté que vous aviez d'attraits !
Sombre cachot, témoins de mes tristes regrets,
Qui me retiens ici pour le prix de mes œuvres,
O rats, souris, crapauds, limaçons et couleuvres,
Vous dont le bruit se mêle à mes tristes accens,
Murmurez avec moi des maux que je ressens.

On fait monter Cartouche en haut le jour d'ensuite ;
A voir son air serein, son maintien hypocrite,
Un chacun est surpris ; aux pieds de ce sénat,
Il est interrogé sur plus d'un attentat ;
Mais lui, sans se troubler, les preuves il récuse,
Et nie absolument les faits dont on l'accuse ;
Que jamais de Cartouche il ne porta le nom,
Qu'on ne le connaît point, qu'il est Jean Bourguignon.

Ministres vénérés de ce lieu redoutable,
Qui savez distinguer l'innocent du coupable,
Dit-il, j'ose espérer qu'un jour la vérité
Paraîtra sans nuage à la postérité.
Je vois contre mes jours s'armer la noire envie,
La calomnie injuste ose tacher ma vie ;
On me fait criminel, ce néanmoin, messieurs,
Votre rare équité me rassure d'ailleurs.
Juste ciel ! protecteur des cœurs pleins d'innocence,
Fais connaître la mienne et venge cette offense...
De tous ces beaux discours il n'est pas question ,
Ni de s'époumoner en exclamation,
Lui dit-on ; répondez : N'êtes-vous pas Cartouche ?
Alors, tranquille, fier, et froid comme une souche,
Il dit en Philoctète : Un homme tel que moi,
Quand il a dit que non , en est cru sur sa foi.

On lui produit encor les preuves manifestes,
Claires comme le jour , de tous ses faits et gestes.
Mais lui, loin d'avouer, constant à tout nier :
Est-ce moi , répond-il, qu'on doit calomnier ?

On lui déclare enfin, le voyant inflexible,
Qu'il va subir bientôt une gêne terrible ;
Ensuite de cela que l'échafaud l'attend.
Au lieu d'en être ému, toujours ferme et constant ;
Eh bien, je mourrai donc ? Je n'ai pour ma défense ,
Que les pleurs du public, et que mon innocence,
Dit-il, n'en parlons plus ; mourons puisqu'il le faut,
Le crime fait la honte et non pas l'échafaud.

L'interrogation étant faite, sur l'heure
On le fait ramener dans sa triste demeure.
Rentré dans le cachot, l'infortuné voleur,
Cartouche envisageant de plus près son malheur ;

3*

Se livre tout entier à la mélancolie;
Mille tristes pensers lui tiennent compagnie.
Il prononce ces mots: A la fin je crains bien
D'avoir en même jour été César et rien.
Mon affaire va mal; tout ceci me désole:
Ah! Laverne; est-ce ainsi que tu me tiens parole?

Laverne, à ce discours, se montrant à ses yeux,
Lui dit, d'un front serein et d'un air gracieux,
Je réponds à tes cris, ta voix s'est fait entendre,
Pour toi, contre Thémis je vais tout entreprendre,
Tout tenter; contre moi ne sois plus déchaîné;
Mon fils, je ne t'ai point encore abandonné:
Avec peu de raison tu te plains; tu murmures;
Mais je veux de bon cœur oublier les injures
Que si mal à propos tu lances contre moi,
Je pardonne à l'état affreux où je te vois.
Mais que devient ce cœur, cette persévérance?
Cartouche n'ose pas tenter sa délivrance!
Imite hardiment dans cette extrémité,
Celui qui se sauva de l'antre redouté:
Ce brave et prudent roi, l'ingénieux Ulysse.
As-tu donc moins que lui de ruse et d'artifice?
Pour sortir du péril jamais on n'est trop prompt,
Aide-toi, mon enfant, et les Dieux t'aideront.

Soudain, le prisonnier, que ce discours enflâme,
Sent rallumer le feu qui régnait dans son âme.
L'espérance revient, le courage renaît;
L'ardeur de se sauver jusqu'en ses yeux paraît;
Il demande humblement pardon à la déesse;
Et prononce ces mots; le cœur plein d'allégresse:
Pour nous aider à fuir de ces funestes lieux,
Sommeil, sous tes pavots, assoupis tous les yeux;

Toi, nuit, tire sur nous tes rideaux les plus sombres,
Prête-nous le secours du silence et des ombres.
   Cela dit, au travail appliqué fortement,
Aidé d'un compagnon*, sans perdre un seul moment,
Il vous perce un gros mur, il arrive aux latrines ;
Pour un petit instant se bouche les narines.
On reprend le travail avec activité :
L'espoir de retrouver bientôt la liberté,
Les anime tous deux d'une ardeur non commune ;
Suivez-moi, vous suivez César et sa fortune,
Dit le joyeux Cartouche ; ils avancent pays,
Enfin, de cave en cave ils gagnent le logis
De certain layetier ; c'était le voisinage
De l'endroit où tous deux ils furent mis en cage.
   Allons, cela va bien, courage, mes amis,
Dit Laverne : A l'instant la déesse Thémis,
Qui de loin observait toute la manigance,
Les rend tous bien camus, bien sots par sa présence.
Je cède, je me rends, et je ne puis plus rien,
Mon génie étonné tremble devant le sien
Fais comme tu pourras, dit Laverne vaincue ;
Et soudain de ce lieu fuit la vieille barbue.
   De l'auguste Thémis le front majestueux,
Arrête des captifs l'effort présomptueux.
Cartouche, par le guet, est repris ; on l'emmène ;
Sans pitié, sans égard, on insulte à sa peine ;
Mais, voyant au grand jour, ce front si redouté,
L'exempt qui l'arrêta recule épouvanté.
Ils sont remis tous deux aux prisons souterraines,
Où du dolent Cartouche on redouble les chaînes.

---

* Il y avait dans le même cachot un maçon qu'on devait
faire mourir.

Là, nombre d'officiers, et la nuit et le jour,
L'observent sans relâche, et veillent tour à tour.

Il est, pendant un mois, visité dans sa cage
Par des gens de tout rang, de tout sexe et tout âge ;
Il ne paraît en lui nulle altération,
Il s'égaie, il soutient la conversation,
D'un air aisé répond à ce qu'on lui demande ;
Bref, on ne vit jamais sérénité si grande.

Le sieur Le Grand, auteur célèbre et si vanté,
Exerce noblement sa libéralité,
Cartouche se ressent de sa main bienfaisante.

A l'envi cependant en tous lieux on le chante ;
Il n'est grands ni petits, fils de bonne maison,
Trotin, qui sur lui n'ait en poche une chanson.
Son nom vole à l'entour de la Samaritaine,
Sur la scène française et sur l'italienne ;
Jouissant en ce point d'un plus glorieux sort,
Que ces héros qu'on n'a chantés qu'après leur mort.

CHANT TREIZIÈME.

Insensé qui se fie aux grandeurs de la terre !
Leur éclat le plus beau n'a que l'éclat du verre :
Nous voyons les pervers quelquefois triomphans,
Cet apparent bonheur ne peut durer longtems.
On fuit en vain du ciel les arrêts légitimes,
Tôt où tard on reçoit la peine de ses crimes ;
Cartouche, ce grand chef naguère si content,
Cartouche en va fournir un exemple éclatant.

Le tems approche enfin, qu'un cruel coup de foudre,
Doit réduire en un jour tant de lauriers en poudre.

On le tire un matin de son noir bastion ,
Pour subir les tourmens d'une âpre question ;
Il souffre sans parler les plus rudes supplices
Plutôt que d'accuser aucun de ses complices.

　　Déjà le peuple en foule à la place attiré,
Voit de son châtiment l'appareil préparé.
Cartouche sur ses gens fondant son espérance ,
Entend sans se troubler prononcer sa sentence.
Il sort de la prison , se montre , passe et fend
Les flots tumultueux du peuple qui l'attend.
Mais , pourrai-je nombrer les foules accourues,
Que le vaste Paris dégorgea de ses rues !
Combien de gens on vit venir de toutes parts,
Confondre sur lui seul leurs avides regards !
Comme il ne doutait point qu'on ne vînt à son aide ,
Il attend constamment cet unique remède ;
Mais regardant en vain d'un et d'autre côté,
Qu'est devenu , dit-il , l'honneur , la probité ?
Quoi ! de quelque coté que je tourne la vue ,
La foi de tous les cœurs est pour moi disparue !
Tout m'oublie en prison , tout m'abandonne ici ,
Chefs , lieutenans ; soldats , vous mes frères aussi !
Si pareil accident vous eût mis à ma place ,
Vous verriez à présent jusqu'où va mon audace.
Cet oubli me surprend , je ne le puis nier ;
Mais , baste , rira bien qui rira le dernier.

　　Muse , c'est maintenant qu'il faut de tes fontaines ,
Ouvrir en ma faveur les plus fécondes veines ,
Conduis , sans te lasser , mon ouvrage à sa fin.

　　Au pied de l'échafaud Cartouche arrive enfin ;
Le peuple , à cet aspect , par un cri qu'il envoie ,
Montre tout à la fois son horreur et sa joie ,

Cartouche se voyant trompé dans son espoir,
Messieurs, j'ai quelque chose à vous faire savoir,
Dit-il; tout aussitôt à la Maison de Ville
On le mène. Il se sied; et là, d'un air tranquille,
J'ai jusqu'à ce moment compté sur mes amis,
Ils devaient me sauver, ils me l'avaient promis;
Mais puisque les sermens, l'amour, rien ne les touche,
Écoutez-moi, je suis Dominique Cartouche :
Je conviens des forfaits qui me sont imputés,
Et quels que soient mes maux, je les ai mérités :
Il faut qu'il en soit fait une exacte justice,
Je vais vous déclarer jusqu'au moindre complice;
Par-là je préviendrai nombre d'assassinats,
Que sans ce libre aveu vous n'empêcheriez pas.
Au reste, ce n'est point par esprit de vengeance
Que j'agis; c'est, messieurs, ma propre conscience
Qui me dit en secret que pour être punis,
Les meurtres, les forfaits n'en sont pas moins commis.
Il déclare des siens, les noms, le domicile.
Pendant la nuit entière, on court toute la ville;
Ils arrivent enfin, garottés et bien sots.
Cartouche les voyant, leur adresse ces mots :
    La fortune pour nous vient de changer de face;
Il en faut fièrement soutenir la disgrâce.
Je vous ai fait venir; ne soyez point surpris,
Si, contre mon serment, vous vous trouvez tous pris.
Avant que d'en venir à cet effort extrême,
J'atteste du grand Dieu la puissance suprême,
Que je vous ai gardé jusques au bout la foi,
Pour vous donner le tems de venir jusqu'à moi.
Enfin, pour m'obstiner à vous être fidelle,
J'ai souffert les douleurs d'une gêne cruelle,

Indignes compagnons! j'ai fait ce que j'ai pu;
Mais vous n'avez pas fait ce que vous avez dû.

Ensuite il fait venir sa dernière maîtresse,
Celle pour qui son cœur eut le plus de tendresse;
La seule qui le sut vivement enflammer,
Et la seule, en un mot, qu'il pouvait estimer.
Elle accourt promptement, elle arrive tremblante :
Elle voit (quel objet pour les yeux d'une amante!)
Cartouche tout courbé sous le poids de ses fers;
Défaite, évanouie, elle tombe à l'envers;
On l'inonde à l'instant d'un sceau d'eau de rivière.
Ciel! où suis-je, dit-elle en ouvrant la paupière?
Mes yeux sont éblouis du jour que je revois;
Hélas! en quel état parais-tu devant moi?
Cher ami, qui faisais la douceur de ma vie,
Quoi! la tienne bientôt te sera donc ravie?
Tu vas mourir, mon cher! ô Dieu, c'en est donc fait!
Plutôt que de souffrir un semblable forfait,
L'astre du jour devrait interrompre sa course.
Les fleuves étonnés remonter vers leur source.
Hélas! par ton malheur mon amour est accru.

CARTOUCHE.

Lisette, qui l'eût dit!

LISETTE.

Cartouche, qui l'eût cru?

CARTOUCHE.

O cruelle disgrâce!

LISETTE.

O comble de misère!

CARTOUCHE.

Que de maux et de pleurs nous coûtent ce faux-frère?

LISETTE.

O Dieux !

CARTOUCHE.

Écoute-moi.

LISETTE.

Je me meurs.

CARTOUCHE.

Un moment

LISETTE.

Va, laisse-moi mourir.

CARTOUCHE.

Quatre mots seulement.

Adieu ; dorénavant soit sage, ma chère âme,
Je te laisse du bien ; vis en honnête femme.

LISETTE.

Ah, mortelles douleurs !

CARTOUCHE.

O regrets superflus !
Va-t-en, c'en est assez, je ne t'écoute plus.
Messieurs, de mes forfaits elle n'est point complice,
Thémis ne permet pas que l'innocent périsse.
Je vous déclare ici la pure vérité.
On laisse sa maîtresse en pleine liberté.
Cependant un des chefs principaux de la clique,
Saint-Étienne apprenant une fin si tragique,
Au faubourg St-Antoine assemble promptement
Ses amis consternés d'un tel événement.
A l'endroit indiqué soudain ils comparaissent,
Et tous, sans balancer, pour chef le reconnaissent.
On nous a fait, dit-il, de fidèles récits ;
La justice triomphe, et notre maître est pris.
Nos ennemis rusés, conduits par un faux-frère,
Ont su mettre en défaut sa prudence ordinaire.
Ainsi, ce chef, qui sut durant près de quatre ans,
Rosser ce que Thémis eut de plus fiers exempts,

Et qui toujours vainqueur, en plein jour, sur la brune,
Vengeait de nos pareils la querelle commune,
Ce héros, que Paris tout plein de ses travaux,
Peut nommer justement le dernier des héros,
Auprès de Montfaucon, privé de sépulture,
Peut-être, des corbeaux, est l'indigne pâture.

    Songeons donc, mes amis, à réparer l'affront
Que vient de recevoir son redoutable front.
Ce front majestueux, ce front couvert de gloire ;
Ce front que mille fois couronna la victoire.

    Pour le traître, il ne peut le porter encor loin.
Ainsi, de le punir, épargnons-nous le soin ;
Il faut que tôt ou tard Duchâtelet périsse.
Fiez-vous à Thémis du soin de son supplice.
Toi, Thémis, tremble. Allons au sortir de ces lieux,
Contr'elle soulever les hommes et les dieux.

    Mais avant d'entreprendre une action si juste,
Acquittons-nous d'un soin aussi pieux qu'auguste,
Et sans perdre un moment, allons à ce héros,
Attendant des autels, élever des tombeaux.

    Ne perdons point de tems, dit alors la Guéritte,
A rendre à ce guerrier des soins dont il nous quitte.
Tant de recors sans vie, en cent lieux dispersés,
Suffisent à sa cendre, et l'honorent assez.
Quant à l'autre projet, je frémis quand j'y pense !
Avez-vous bien compris quelle en est l'importance ?
Seigneur, à ce dessein avez-vous bien pensé ?
Quoi donc ? vaincre Thémis ! O projet insensé !
Vain espoît ! ferons-nous dans l'ardeur de vous plaire,
Ce que depuis quatre ans Cartouche n'a pu faire ?
Attendons pour le moins quelque tems plus heureux.
Ils se séparent tous ; et retournent chez eux.

Tel fut le résultat du faubourg St-Antoine :
Ainsi finit souvent maint chapitre de moine ;
Mais c'est abandonner Cartouche trop longtems.

Il révèle des siens les secrets importans :
Les accuse et convainc de vol , de brigandage ,
Sans avoir nul égard au rang , au sexe , à l'âge ;
Nul n'échappe , tout est incontinent colfré.

Il s'informe du traître ami qui l'a livré ;
Et sachant que pour prix de cette perfidie ,
On lui donne sa grâce , on lui laisse la vie ;
Il dit , en soupirant : Dieu , qui le connaissez ,
Est-ce donc sa vertu que vous récompensez.

Ensuite , ayant réglé ses petites affaires ,
Et fait pour son salut les choses nécessaires ;
Je meurs , Messieurs , dit-il , et je meurs repentant.
Plaise au ciel que mes gens en puissent faire autant.
C'est tout ce qu'en mourant Cartouche leur désire.
Qu'on me mène à la mort , je n'ai plus rien à dire.

De l'horreur d'un tel pas , il se rend le vainqueur ;
On ne peut s'empêcher d'admirer son grand cœur.

Les juges , d'autre part , voyant approcher l'heure
Que cet infortuné doit changer de demeure ,
Achèvent leur ouvrage , et disent à l'instant ,
Que l'on montre Cartouche au peuple qui l'attend :
Il descend les degrés , il arrive à la place ,
Fait voir sur son visage une modeste audace.
Monté sur l'échafaud , il s'avance au trépas
Avec le même front qu'il courait aux combats.
Il trouve en sa constance une grande ressource ;
La cruelle Atropos termine enfin sa course.

Ainsi finit Cartouche , et la fleur des guerriers ,
Laissa sur l'échafaud sa vie et ses lauriers.

FIN.

DICTIONNAIRE ARGOT-FRANÇAIS.

A.

Abbaye de monte à regret, *la Potence.*

Abbaye rufante, *fourchaud*

Abloquir, *Acheter.*

Affe (l'), *la Vie*

Affranchir, *Initier.*

Affurer, *Tromper.*

Air (se donner de l'), *Se sauver.*

Allumer, *Regarder.*

Ambier, *Fuir.*

Andosse, *Echine, dos.*

Angluces, *Oies.*

Angoulême (l'), *la Bouche.*

Anquilleuse, *femme qui porte un tablier, pour cacher ce qu'elle vole chez les Marchands.*

Antiffe, *Marche.*

Antroller, *Emporter.*

Apôtres, *Doigts.*

Aquiger, *Faire.*

Arguche, *Argot.*

Article (être à son), *Entendre bien ses intérêts.*

Artie, Arton, *Pain.*

Artie de Meulans, *Pain blanc.*

Artie de gros Guillaume, *Pain bis.*

Astic, *Epée.*

Attaches, *Boucles.*

Attaches d'huile, *Boucles d'argent.*

Atiger, *Blesser.*

Astrimer, *Prendre.*

Avergots, *Œufs.*

B.

Babillard, *Livre.*

Babillarde, *Lettre, Epître.*

Baccon, *Pourceau.*

Râcler, ou brider, *Fermer.*

Baigneuse, *la Tête.*

Balle, *un Franc.*

Barbaudier de Castu, *gardien d'un hôpital.*

Basourdir, *Tuer.*

Batouze, *Toile.*

Battant, *Estomac.*

Battre l'antiffe, *Battre l'estrade, marcher.*

Battre comtois, *faire le niais.*

Baude, *Maladie de Vénus.*

Baudru (le), *le Fouet.*

Bauge, *Coffre.*

Bier, *Aller.*

Bille, *Argent.*

Blanquette, *Argent blanc.*

Blavin, *Mouchoir.*

Boc, bobineau, *Montre.*

Bocoter, *Enrager.*

Boniment, *Préambule que les marchands débitent pour vendre leurs objets*

Bouffarde, *l'ipe.*

Bouillante, *Soupe.*

Boule, *Marché.*

Bouliner, *Voler, Déchirer.*

Bouis (le), *le Fouet.*

Boutanche, *Boutique.*

Brac, *Nom.*
Brêmes, *Cartes.*
Brenicle, *Rien, non.*
Brignan, *Sabre.*
Brider, *Fermer.*
Broc, *un Liard*
Brocante, *Bague.*
Brouée (la), *des Coups.*
Butte (la), *Guillotine.*
Butté (être), *être guillo-tiné.*

C.

C (être un), *Imbécille.*
Cabo, *Chien.*
Cachemire d'osier, *Hotte de chiffonnier.*
Cachemitte, *Cachot.*
Cadet, *pince en fer.*
Cagou, *Voleur solitaire.*
Callots, *Teigneux.*
Caloquet, *Chapeau.*
Calvin, *Raisin.*
Calvine, *Vigne.*
Camarde, *la Mort.*
Cambrose, *Servante.*
Camuse, *Carpe.*
Cauton, *Prison.*
Cantoniers, *Prisonniers.*
Capons, *les Ecrivains des autres.*
Carotte (tirer une), *Men-songe pour connaître la vérité.*
Caroubles, *Fausses clés.*
Caruche, *Prison.*
Cassantes, *des Noix.*
Casser la hane, *Couper la bourse.*
Castroz, *Chapon.*

Castu, *Hôpital*
Chenâtre, Chenu, *Bon, beau*
Chenuement, *Fort bien*
Chiquer (se), *Se battre*
Cloque qui plombe, *Heure qui sonne.*
Coëfer, *Maitre des gueux.*
Coffier, *Tuer.*
Colas, *Cou.*
Colletiner, *Arrêter.*
Combre, Combriau, *Cha-peau.*
Comte de la garuche, *Geo-lier.*
Condé, *Permission.*
Cône (la), *la Mort.*
Chopin, *Objet volé.*
Coquillards, *Pèlerins.*
Cornant, *Bœuf.*
Cornante, *Vache.*
Cornets d'épice, *Pères Capucins.*
Couleurs (monter des) *Men-tir pour connaitre la vérité.*
Couliant, *Du Lait.*
Courteaux de boutanche, *Ceux qui volent des ou-tils chez leurs maitres.*
Craquelin, *Menteur.*
Creux, *Maison.*
Cric, Croc, *A ta santé.*
Crie, Criolle, *de la viande.*
Crier au vinaigre, *Crier après quelqu'un.*
Crocs (les), *les Dents.*
Crote d'ermite, *Poire cuite*
Culbute, *Culotte*

D.

Dabe, *Maître, Père, Roi.*
Débuché, *Maitresse, Mère.*
Danser tout seul, *Sentir de la bouche.*
Dardant (le), *l'Amour.*
Daron, *Maître, Père*
Daronne, *Maitresse, Mère*
Dasbuche, *Roi.*
Débâcler, *Ouvrir.*
Débâcler la roulante, *Ouvrir une voiture.*
Débiner, *Parler contre.*
Débrider, *Ouvrir.*
Décaler, *se Sauver.*
Défalquer, *Ch. .*
Défardeur, *Voleur.*
Déflouer la picouze, *Prendre le linge qui est étendu sur des perches dans les prés.*
Défourailler, *Tomber.*
Défrusquiner, *Déshabiller*
Démurger, *s'en aller*
Détacher le bouchon, *Couper la bourse.*
Détourner, *Ouvrir.*
Donner (sela), *Fuir.*
Doublage, *Larcin, larronnage.*
Doubleur, *Larron*
Doubleux de sorgue ou sorgne, *Larron de nuit.*
Douille, *les Cheveux.*
Drille, *Soldat.*
Dure (la), *la Terre.*

E.

Effaroucher, *Voler.*
Egrailler, ou érailler l'ornie, *prendre la poule.*
Embander, *prendre de force.*
Empave, *Drap de lit.*
Entille, entonne; *Eglise.*
Entraver ou Enterver, *Entendre, é outer, comprendre l'argot.*
Entroller, *Emporter.*
Epicer, *Dire du mal.*
Epouser la foncandière, *C'est quand les voleurs jettent ce qu'ils ont dérobé de peur d'être pris.*
Epouser la veuve, *être pendu.*
Erailler, *Tuer.*
Esbrouffe, *Air important.*
Escoutes, *Oreilles.*
Esganacer, *Rire.*
Esgarer, *Perdre.*
Espigner (s'), *S'enfuir.*
Estafon, *Chapon.*
Estuquer, *Recevoir un coup.*

F.

Face, *Monnaie.*
Fad, *Part du vol.*
Fadard, *Elégant.*
Fader, *Partager un vol.*
Fanandel, *Camarade.*
Faraude, *Madame, Mademoiselle.*

Farot,	Monsieur.
Farguer,	Devenir rouge.
Faucher,	Couper.
Felouse,	Poche.
Fertange,	Paille.
Fête (être de la),	Opulence.
Fêtu (le),	la Barre du bourreau.
Ficher ou Déficher,	Bailler
Figurer,	être au Carcan.
Fil en double,	Vin.
Fil en quatre,	Eau-de-vie.
Filer,	Suivre.
Filer la mousse,	Ch...
Flambe,	Epée.
Flaqu,	Sac de femme.
Flou (le), floutière,	Rien.
Floueur,	Escroquer à quelque jeu.
Foncer, Fouquer,	Donner.
Fouailler,	Manquer son effet.
Fouillouse,	Poche.
Fourga,	Receleur.
Francillon,	Français.
Francs mitoux,	faux malades.
Fretillante,	la Queue.
Fretille,	Paille.
Fretiller,	Danser.
Frimion,	le Marché.
Frimousse,	la Figure.
Frisquet,	Froid.
Frollant,	Traître.
Froller sur la balle,	Médire sur quelqu'un.
Frusquin,	Habit
Frusquiner,	Habiller
Fumer (se),	se Battre.

G.

Gaffre,	Gardien.
Gallier,	Cheval.
Galillar,	Bouchon.
Gance,	Clique.
Gargouenne,	Bouche.
Gaudille,	Epée.
Gaux-picantis,	des Poux.
Gaz (faire son),	Ch...
Gitre,	J'ai.
Glace, glacis,	Verre à boire.
Glier, glinet,	le Diable.
Gober,	être attrapé.
Gonse,	Niais.
Gosselin,	Petit enfant.
Gouapeur,	Homme sans asile.
Goupiner,	Faire quelque chose.
Goupline,	Pinte.
Gourdement,	Beaucoup, bien.
Gradouble,	Plomb.
Grain,	Ecu.
Gratouse,	Dentelle.
Greffir,	Dérober finement.
Grenasse,	Grange.
Grenn,	Blé.
Grenuche,	Avoine.
Grenue,	Farine.
Grillard,	Chat.
Griller,	Prendre.
Grincher,	Voler.
Gripis,	Meunier.
Gris (le),	le Vent.
Grive (la),	la Guerre.
Grivier,	Soldat.
Grouiller,	Remuer.

Gueullard,	Bissac.
Guibons,	Jambes
Guibons de satou,	Jambes de bois.
Gironde,	Belle, jolie.
Guigner,	Regarder en dessous.
Gy, girolle,	Oui.

H.

Hane,	Bourse.
Harmonie (faire de l'),	faire du tapage.
Happer le taillis,	S'enfuir vite.
Happin (un),	un Chien
Harpions,	Mains ou pieds.
Haut-ters,	Grenier.
Havre,	Dieu.
Herplis,	Liards.
Hubins,	Ceux qui se disent mordus des chiens enragés.
Huile,	de l'argent.
Huîtres de varanne,	Fèves.
Hust must,	Grand merci.

I.-J.

Icicaille,	Ici.
Jaspiner,	Parler argot
Jaspin,	Oui.
Jonc,	Or.
Juxte,	Près, contre.

L.

Lance,	Eau.
Lancequiner,	Pleuvoir.

Landau à baleines,	Parapluie.
Lanterne,	Fenêtre.
Largue,	Fille de joie.
Lascailler,	Pisser.
Lapin,	Homme.
Lartin,	Mendiant.
Laver,	Vendre.
Licher,	Boire.
Licheur,	qui aime à boire aux dépens d'autrui.
Limasse, Lime,	Chemise.
Lingre,	Couteau.
Long,	qui n'est pas rusé.
Longe,	Année que l'on passe aux galères.
Longue,	Année.
Louche (la),	la Main.
Lourdaut,	Portier.
Lourde (la),	la Porte.
Luisant,	le Jour.
Luisante,	la Fenêtre.
Luisard,	le Soleil.
Luisarde,	la Lune.
Luques,	faux Certificats.

M.

Malingreux,	ceux qui ont de fausses plaies.
Manger,	Avouer, dénoncer
Maqui (mettre du)	Se mettre du rouge.
Maquiller,	Travailler.
Marcandiers,	ceux qui se disent avoir été volés.
Marcandier,	signifie encore un Marchand.
Mariol,	Malin.
Marlousier,	celui qui cou-

tient une femme pu-blique.

Maron, du Sel.

Maron (être), Pris nantis du vol.

Maroner, être mécontent,

Marpaut, Maître, homme.

Marquant, Homme.

Marquin, Couvre-chef.

Marquise, Femme.

Maturbes, Dés.

Mec, Bon' Dieu.

Médaille, pièce de 5 francs

Mélon, Imbécille.

Méhée d'avergots, dou-zaine d'œufs

Menée de ronds, douze sols

Menteuse, Langue.

Mézière, Simple.

Mezig, Moi.

Michon (du), de l'argent.

Millards, ceux qui portent des bissacs sur le dos.

Mion folâtre, Petit garçon

Mion de boule, Coupeur de bourse, Filoux.

Molanche, Laine.

Monarque, Pièce de 5 fr.

Monseigneur, petit levier.

Montante, Culotte.

Morfe (la), le Repas, la Mangeaille.

Morfiante, Assiette.

Morfier, Manger.

Mornos, la Bouche.

Mouchailler, Regarder

Mouillante, Morue.

Mouscailler ou filer le ron-din, du proye, Ch...

Mousse, M...

Moutard, Enfant.

Mouton, Celui qui, dans les prisons, espionne ses camarades, et cherche à découvrir ce qu'ils ont fait.

N.

Narquois, Soldat men-diant.

Nazorant, le Nez.

Nouzaille, nouziugan, ne-zière, Nous.

O.

Œil (avoir à l'), sans payer

Ornichon, Poulet.

Or ie, Poule.

Ornie de ballé, poule d'inde

Ornion, Chapon.

Orphelins, ceux qui vont de compagnie.

P.

P (faire le), faire mau-vaise mine.

Pacant, un Passant.

Pacsin, Paquet.

Paffes, Gros souliers.

Paladier, un Pré.

Pallots, Paysans.

Palpitant, Cœur.

Panier à salade, Voiture qui transporte les détenus.

Panturie, femme de mau-vaises mœurs.

Paquelin, l'Enfer.

Pareil (être), être de bon accord.

Parfond, Pâté.

Parfoude, *Cave.*
Pasquelin, *Pays*
Passals, passifs, *Souliers.*
Pâté d'ermite, *Noix.*
Pate (la), *la Lime.*
Taturons, *les Pieds.*
Paturous de cornant, *pieds de bœuf.*
Paturons de morne, *pieds de mouton.*
Pégoces, *Poux*
Pellard, *du Foin.*
Pendaute, *Chaîne de montre.*
Pétard, *Liard.*
Petouze, *Pistole.*
Pharos, *Gouverneur d'une petite ville.*
Piau, *Lit.*
Piausser, *se Coucher.*
Picter, *Boire.*
Picton, *Boisson.*
Piètres, *Estropiés.*
Pincer, *Prendre,*
Pinos, *des Deniers*
Piolle, *Cabaret, taverne.*
Piollier, *Tavernier.*
Pioncer, *Dormir*
Pipet, *Château.*
Pitancher, *Boire.*
Pivois, *du Vin.*
Pivois savoné, *Vin blanc.*
Pliant, *Couteau.*
Plomber, *Tuer.*
Plotte, *Bourse.*
Plure, *Redingotte, manteau.*
Poisson, *Brétsur, souteneur.*
Poitou (le), *Non, rien.*

Polissons, *Ceux qui vont presque nus.*
Pommard, *Bière.*
Pommer maron, *Prendre sur le fait.*
Ponisse magnuce, *Femme débauchée.*
Ponic, *Rien.*
Pouchon, *Bourse.*
Poser et marcher dedans, *s'Embrouiller.*
Pousse (la), *Corps des gendarmes.*
Pré, *Galères.*
Pré (faucher le), *être aux galères.*
Préfectance, *Préfecture.*
Profonde, *Poche.*
Proye, *le D...*

Q.

Quart-d'œil, *Commissaire.*
Quoque, *Aussi, même.*

R.

Rabateux ou doubleux de sorgue, *Larron de nuit.*
Ragot, *Quart d'écu.*
Raille, *Mouchards.*
Rambroquer, *Observer.*
Rapiau, *Fouille.*
Ratichon, *Abbé, prêtre.*
Rebâtir, *Tuer.*
Rebouiser, *Reluquer, regarder attentivement.*
Recoquer, *Rendre.*
Rejaquer, *Crier.*

Cartouche.

6.

Rême, *Fromage.*
Remâcler, *Crier après quel-*
qu'un.
Rengracier, *Changer de*
langage.
Rifauder, *Brûler, cuir,*
chauffer.
Rife, *Feu.*
Rincer, *Voler*
Riolle, *Bonne chère.*
Rond, *un Sou.*
Rondelets. *Seins.*
Rondin, *M....*
Rossignoler, *Chanter*
Rouatre, *Du lard*
Roue de derrière, *Ecu de*
six livres.
Roue de devant, *Ecu de*
trois livres.
Roufier, *Soldat,*
Rouillarde, *Bouteille.*
Rouin, *Prévôt.*
Roumard, *Roué.*
Rouscaillante, *La langue.*
Rouscailler, *Parler.*
Rouscailler bigorne, *Par-*
ler jargon
Royeaux, *Gendarmes.*
Rupin, *Gentilhomme.*
Rupine, *Dame*
Rusquin, *Ecu.*

S.

Sable (être sur le), *être*
dans la misère.
Sabouler, *Incommoder, ou*
crier.
Sabouleux, ceux qui tom-
bent du haut-mal.

Sabre, *un bâton.*
Sabrevot, *Cordonnier, sa-*
vetier.
Sabrieux, *Voleur de bois.*
Sacre, *Sergent.*
Salivergne, *Ecuelle.*
Santu, *santé.*
Sapin, *Plancher.*
Satou, *Bois, forêt.*
Sauter, act., *Voler.*
Sauter, neut, *Puer.*
Serin, *Imbécille.*
Serpillière, *Robe.*
Serpillière à ratichon, *Robe*
de prêtre.
Sezière, sezingand, *Lui.*
Solir, *Vendre.*
Sorgue, ou sorgne, *la nuit.*
Stuc, *Part du larcin.*
Suer (faire), *Tuer.*
Surin, *Couteau.*
Suriner, *tuer à coups de*
couteau.

T.

Tabar, taharin, *Manteaux*
Tante (ma), *Mont-de-*
piété.
Tapette (la), *la marque.*
Tape (la), *la fleur de lys.*
Tarauder, *Donner des*
coups.
Tartuer, *Ch....*
Tartouze, *Corde.*
Tenante, *Chopine.*
Tezière, tezignard, tezin-
gand, Toi.
Thune, *l'Aumône*

Tirans,   *Bas.*
Tireur,   *Filou.*
Tirou,   *Chemin.*
Toccange,   *Coquilles de noix.*
Toccante,   *Montre.*
Tollard, tolle, *le bourreau*
Tôle,   *Derrière.*
Torniquet,   *Moulin.*
Tournante,   *une Clé.*
Tourner (faire), *Attraper.*
Tourtouze,   *Corde.*
Tourtime,   *Tout.*
Trèfle,   *Tabac.*
Treffière,   *Tabatière.*
Tremblant,   *Lit.*
Trimancher, *Cheminer, marcher.*
Trimard, *Chemin,* grand' route.
Tronche (la), *la Tête.*

Tronche de morne, *Tête de mouton.*
Trottant,   *Rat.*
Trucher, *Demander l'aumône.*
Trucheux,   *Gueux.*
Tunbaye,   *Bêtise.*
Tune, *Pièce de monnaie.*

V.

Valade,   *Poche.*
Ver (monter un), *Mentir pour découvrir la vérité.*
Verdouzier,   *Jardin.*
Vergne,   *Ville.*
Verver, *Pleurer, crier.*
Vouet,   *Voiture.*
Vouzailles, vouzingand,
Vozière, *Vous.*

DICTIONNAIRE
FRANÇAIS-ARGOT.

A.

Abbé,   Ratichon.

Accord (être de bon), Pareil.

Acheter,   Abloquir.

Admirable, bon, excellent, Chenu, chenâtre.

Air important, Esbrouffe.

Aller,   Bier.

Aller (s'en),   Démurger.

Amour,   Dardant.

Année,   Longue.

Année que l'on passe aux galères, Longe.

Argent (de l'), De l'huile, de la bille, du michon.

Argent blanc, Blanquette.

Argot,   Arguche.

Arrêter,   Colletiner.

Assiette,   Morfiante.

Attrapé (être),   Gober.

Attraper, Faire tourner.

Attraper un coup, Estuquer.

Aumône (l'),   Thune.

Auprès,   Juxte.

Aussi,   Quoque.

Avoine,   Grenuche.

Avouer,   Manger.

B.

Bague,   Brocante.

Bailler, donner, Ficher ou déficher.

Barre du bourreau (la), Le fétu.

Bas (les),   Tirans.

Bâton,   Sabre.

Battre (se), se Chiquer, fumer.

Battre l'estrade, marcher, Battre l'antiffe.

Beau, Chenu, chenâtre.

Beaucoup, Gourdement.

Belle, jolie,   Gironde.

Bicêtre,   Tune baye.

Bien, fort bien, Chenuement.

Bière,   Pommard.

Bissac,   Gueullard.

Blé,   Grenu.

Blesser,   Atiger.

Bœuf,   Cornant.

Boire, Picter, pitancher, licher.

Bois à toi (je), Cric, croc.

Bois, du bois,   Satou.

Boisson,   Picton.

Bon, excellent, admirable, Chenu, chenâtre.

Bon Dieu,   Mec.

Bonne chère,   Riolle.

Bouche (la), Angoulême, morios, gargouenne.

Bouchon,   Galiffar.

Boucles,   Attaches.

Boucles d'argent, Attaches d'huile.

Bourreau, Tollard, tolle.

Bourse (la), Pouchon, hane, plotte.
Bouteille, Bouillarde.
Boutique, Routanche.
Brûler, Rifauder.

C.

Cabaret, taverne, Piolle.
Cabaretier, Piollier.
Cachot, Cachemitte.
Camarade, Fanandel.
Capucin, Cornet d'épice.
Carcan (être au), Figurer.
Carpe, Camuse
Cartes, Brème.
Cave, Parfonce.
Celui qui, dans les prisons, fait parler les détenus pour savoir ce qu'ils ont fait, Mouton.
Celui qui aime à boire aux dépens d'autrui, Licheur.
Celui qui n'est pas rusé, Long.
Celui qui dit avoir été volé, Marcandier.
Certificats (faux), Luques.
Chaîne de montre, Pendante.
Chandelle, Camouffle.
Chanter, Rossignoler.
Chapeau, Caloquet, combre, combrieu.
Chapon, Castroz, ornion, estafon.
Chat (un), Griffard,
Château Pipet,
Chauffer, Rifauder.

Chemin, Trimard, tirou.
Cheminer, Trimer, trimarder, trimancher.
Chemise, Lime, limasse,
Cheval, Gallier.
Cheveux (les), Douilles.
Chien (un), Happin, cabo.
Ceux qui ont été mordus par des chiens enragés, Hubins.
Ch .., Mouscailler, filer du proy, tartiner, défalquer, faire son gaz.
Chopine, Tenante.
Chose, Camelotte.
Clé, Tournante.
Clique, Gance.
Cochon, Baccon.
Cœur, Palpitant.
Collier, Bauge,
Commissaire, Quart-d'œil
Compagnie (ceux qui vont de), Orphelins.
Comprendre, écouter, entendre, Entraver, ou interver.
Contre, près, auprès, Juxte.
Coquilles de noix, Toccanges.
Corde, Tourtouse,
Cordonnier, Sabrenot.
Corps des gendarmes, la Pousse.
Cou (le), le Colas.
Coucher (se), Piausser.
Couper, Faucher.
Couper la bourse, Cosser la hane, détacher le bouchon,

Coupeurs de bourse, *Mions de boule.*

Coups (des), *Une broude.*

Coups (donner des), *Targuler.*

Coups (recevoir des), *Estuquer.*

Couteau, *Lingre, pliant, surin.*

Couvre-chef, *Marquin.*

Crier, tempêter après quelqu'un, *Rendcler, crier au vinaigre, rejaquer.*

Crier, pleurer, *Verver.*

Cuire, *Rifauder.*

Culotte, *Culbute, montante.*

D.

D......, (le), *Proye.*

Dame, *Rupine.*

Danser, *Fretiller.*

Demander l'aumône, *Trucher.*

De même, aussi, *Quoque.*

Denier, *Pinos.*

Dénoncer, *Manger.*

Dentelle, *Gratouze.*

Dents (les), *Les crocs.*

Dérober finement, *Greffir.*

Derrière, *Tôle.*

Dés, *Maturbes.*

Déshabiller, *Défrusquiner*

Diable (le), *Glinet ou glier, glivet.*

Dieu, *Mec, havre.*

Doigts, *Apôtres.*

Donner, Bailler, ficher ou *déficher, foncer, fouquer.*

Donner part du vol, *Suer.*

Dormir, *Pioncer.*

Dos, échine, *Andosse.*

Douzaine, *Menée.*

Douzaine d'œufs, *Menée d'avergots.*

Douzaine de sous, *Menée de ronds.*

Draps de lit, *Empaves.*

E.

Eau, *Lance.*

Eau-de-vie, *Fil en quatre.*

Ecu de 6 liv., *Roue de derrière.*

Ecu de 3 liv., *Roue de devant.*

Enfant (petit), *Gosselin.*

Eschine, dos, *Andosse.*

Ecrivain des autres, *Capon.*

Ecu, *Rusquin, grain.*

Ecuelle, *Salivergne.*

Eglise, *Entiffe, entonne.*

Elégant, *Fadard.*

Embrouiller (s'), *Poser et marcher dedans.*

Emporter, *Antroller ou entroller.*

Emprisonner, *Gerber.*

Enfant, *Moutard.*

Enfer, *Paquelin.*

Enrager, *Bocoter.*

Entendre, écouter, comprendre, *Entraver ou enterver.*

Entendre bien ses intérêts, *être à son article.*

Epée, *Astic*, *flambe*, *gandille*

Epier, examiner, *Mouchailler.*

Escroc au jeu, *Floueur.*

Estomac, *Battant.*

Estropiés, *Piètres.*

Excellent, bon, admirable, *Chenu, chenâtre.*

Enfuir vite (s'), *Happer le taillis.*

F.

Faire, *Aquiger.*

Faire quelque chose, *Goupiner.*

Faire donner part du vol (se), *Faire suer.*

Farine, *Grenue.*

Fausse clé, *Carouble.*

Femme, *Marquise.*

Femme débauchée, *Panturne, ponisse magnuce.*

Femme qui cache ce qu'elle vole sous un tablier, *Anguilleuse,*

Fenêtre, *Lanterne, luisante.*

Fermer, *Brider, bâcler.*

Feu, *Rife.*

Fèves, *Hultres de varanne*

Fiacre, *Sapin.*

Figure, *Frimousse.*

Fille de joie, *Largue.*

Filou, *Tireur.*

Fleur de lis appliquée sur l'épaule (la), *La tape.*

Foin (du), *Pellard.*

Forêt, *Satou.*

Fort bien, *Chenuement.*

Fouet, *Baudru.*

Fouille, *Rapiau.*

Four chaud, *Abbaye rusante.*

Franc, *Balle.*

Français, *Francillon.*

Froid, *Frisquet.*

Fromage, *Rème.*

Fuir, *Ambier, filfarder, se la donner, s'esbigner,*

G.

Galère, *Pré.*

Galères (être aux), *Faucher le pré.*

Garçon (petit), *Mion jolâtre.*

Gardien, *Gaffre.*

Gardien d'hôpital, *Barbandier de castu.*

Gendarmes, *Roveaux ou la Pousse.*

Gentilhomme, *Rupin.*

Geolier, *Comte de la garuche.*

Gouverneur d'une ville, *Pharos.*

Grand merci, *Hust, must.*

Grange, *Grenasse.*

Grenier, *Haut-tems.*

Guerre (la), *la Grive.*

Gueuser, *Tricher.*

Gueux, *Trucheux.*

Guillotine (la), *la Butte.*

Guillotiné (être), *Butté.*

H.

Habiller, *Frusquiner.*
Habit, *Frusquin.*
Haut mal (ceux qui tombent du), *Sabouleux.*
Heure qui sonne, *Cloque qui plombe.*
Homme, *Marpaut, marquant.*
Homme sans asile , *Goua-peur.*
Hôpital, *Castu.*
Hotte de chiffonnier, *Cachemire d'osier.*

I.

Ici, *Icicaille.*
Imbécille, *Serin, Melon,* être un C.
Incommoder, *Sabouler.*
Initier, *Affranchir.*

J.

J'ai, *Gitre.*
Jambes, *Guibons.*
Jambe de bois, *Guibons de satou.*
Jardin, *Verdouzier*
Jeter les choses dérobées, de peur d'être pris, *Epouser la foucandière.*
Jour (le), *Luisant.*

L.

Laine, *Molanche*

Lait (du), *Couliant.*
Langage (changer de), *Rengracier.*
Langue (la), *Rouscaillante, menteuse.*
Larcin, *Doublage.*
Lard (du), *Rouatre.*
Larron, *Doubleur.*
Larron de nuit, *Rabatteux ou Doubleux de sorgue ou sorgne.*
Larronage, *Doublage.*
Lettre, épître, *Babillarde.*
Levier ou Pince, *Monseigneur.*
Liards, *Herplis, pétards.*
Lime (la), *La pate.*
Lit, *Pieu, tremblant.*
Livre, *Babillard.*
Lune (la), *Luisante.*
Lui, elle, *Sezière, sezingand.*

M.

Madame, *Faraude.*
Mademoiselle, *Faraude.*
Mains (les), *les Louches, les harpions.*
Maison, *Creux.*
Maitre (le), *Marpaux.*
Maitre (le), le père, *Daron, dabe.*
Maître des gueux, *Coëfre.*
Maîtresse, mère, *Daronne, dabuche.*
Mal (dire du), *Epicer.*
Malades (faux), *Francs-mitoux.*

Maladie de Vénus, *Baude.*
Malin, *Mariol.*
Mangeaille, *la Morfe.*
Manger, *Tortiller, morjier*
Manquer son effet, *Foail-ler*
Manteau, *Tabar, tabarin, plure.*
Marchand, *Marcandier.*
Marche, *Antiffe.*
Marché (le), *Frimson.*
Marcher, *Battre l'antiffe, trimer, trimarder, trimancher.*
Marque (la), *la tapette.*
Mécontent (être), *Maroner.*
Médire de quelqu'un, *Froller sur la balle.*
Même, *Quoque.*
Mendiant, *Larbin.*
Mendier, *Droguer.*
Mensonge, *Couleur.*
Menteur, *Craquelin.*
Mentir pour connaître la vérité, *Monter des couleurs, monter un ver, tirer une carotte, monter un coup.*
M...., *Rondin, mousse, gaz.*
Meunier, *Gripis.*
Mine (faire mauvaise), *Faire le P.*
Misère (être dans la), *être sur le sable.*
Moi, *Mézig.*
Monnaie, *Face.*
Monsieur, *Farot.*
Mont-de-Piété, *ma Tante.*

Montre, *Toccante; boc*
Mort (la), *Cône, camarde*
Morue, *Mouillante*
Mouchard, *Raille*
Mouchoir, *Blavin*
Moulin, *Torniquet*
Mouton, brebis, *Morne*

N.

Nez (le), *Nazenant.*
Niais, *Gonse.*
Niais (faire le), *Battre comtois.*
Noix, *Cassantes, pâtés d'ermites.*
Nom, *Brac.*
Non, *Brenicle.*
Nous, *Nouzaille, noizingan, nozière.*
Nuit (la), *Sorgne ou sorgue*
Nus, ceux qui vont presque nus, *Polissons.*

O.

Observer, *Rambroquer.*
Œufs, *Avergots.*
Oies, *Anghaces.*
Opulence (dans l'), *de la Fête.*
Or, *Jonc.*
Oreilles, *Escoutes.*
Oter le linge de dessus les haies, *Déflourer la picouze.*
Oui, *Gy, girolle, jaspin.*

P.

Ouvrir, *Débâcler, débrider, détourner.*	Pièce de 5 fr., *Médaille, monarque.*
Ouvrir une voiture, *Débâcler la roulante*	Pièce de monnaie, *Tune.*
	Pieds, *Paturons.*
	Pieds de bœuf, *Paturons de cornant.*
	Pieds de mouton, *Paturons de morue.*
P. (faire le), *Faire mauvaise mine.*	Pince, outil en fer, *Cadet, monseigneur.*
Paille, *Fertange, fretille*	Pinte, *Goupline.*
Pain, *Arton, artic.*	Pipe, *Bouffarde.*
Pain blanc, *Arton savonné, artie de meulans*	Pisser, *Laskailler.*
	Pistole, *Pelouze.*
Pain bis, *Arton brutal, arton de gros guillaume*	Pistolet, *Crucifix.*
Paquet, *Pacsin.*	Plaies (ceux qui ont de fausses), *Malingreux.*
Parapluie, *Landau à baleines.*	Plancher, *Sapin.*
	Pleurer, *Verver.*
Parler argot, *Rouscailler, jaspiner.*	Pleuvoir, *Lancequiner.*
	Plomb, *Gradouble.*
Parler contre, *Débiner.*	Poche, *Felouse, fouillouse, profonde, valade.*
Parler jargon, *Jaspiner, rouscailler bigorne.*	Poires cuites, *Croûtes d'ermites.*
Part du larcin, *Stuc, fad.*	Porte, *Lourde.*
Partager un vol, *Fader.*	Porteurs de bissacs sur le dos, *Millards.*
Passant, *Pacant.*	
Pâté, *Parfond.*	Portier, *Lourdaut.*
Payer (ne rien), *Avoir à l'œil.*	Potence, *Abbaye de monte à regret.*
Pays, *Pasquelin.*	Poule, *Ornie.*
Paysan, *Pallot.*	Poulet d'Inde, *Ornie de balle.*
Pèlerin, *Coquillard.*	
Pendu (être), *Epouser la veuve.*	Poulet, *Ornichon.*
Perdre, *Esgarer.*	Pourceau, *Baccon.*
Père, *Daron.*	Poux, *Gaux-picantis, pégoces.*
Pères capucins, *Cornets d'épices.*	Pré, *Paladier.*
Permission, *Condé,*	Préambule, *Boniment.*

Préfecture, *Préfectance*

Prendre, *Attrimer, pincer, griffer.*

Prendre le linge qui est étendu sur des perches dans les prés, *Déflourer la picouse.*

Prendre la poule, *Egrailler ou érailler l'ornie.*

Prendre de force, *Embander.*

Prendre sur le fait, *Pommer marron.*

Près, auprès, *Juxte.*

Prêtre, *Ratichon.*

Prévôt, *Rouin.*

Prison, *Canton, garuche.*

Prisonnier, *Cantonnier.*

Proche, *Juxte.*

Puce, *Sauteuse*

Puer, *Corner, plomber, sauter.*

Q.

Quart d'écu, *Ragot.*

Queue (la), *Fretillante.*

R.

Raisin, *Calvin.*

Rat, *Trottant.*

Receleur, *Fourga.*

Redingotte, *Plume.*

Regarder, examiner, épier, *mouchailler, allumer, guigner.*

Remuer, *Grouiller.*

Rendre, *Recoquer.*

Repas, *la Morfe.*

Rien, *Floutière, le flou, pouic, le Poitou, brenicle.*

Rire, *Esganacer.*

Robe, *Serpillière.*

Robe de prêtre, *Serpillière à ratichon.*

Roué, *Roumard.*

Roi, *Grand dabe, dasbuche.*

Rouge (mettre du), *Maqui.*

Rouge (devenir), *Farguer.*

S.

Sabre, *Briqman, bâton,*

Sac de femme, *Flaqu.*

Santé, *Santu.*

Santé (à la), *Cric, croc.*

Sauver (se), *Se donner de l'air, décarer, filsarder, se donner un coulant.*

Savetier, *Sabrenôt.*

Seins (des), *Rondelets.*

Sel (du), *Maron.*

Sentir de la bouche, *Danser tout seul, plomber de la gargouenne.*

Sergent, *Sacre,*

Servante, *Cambrose,*

Simple, *Mézière,*

Soldat, *Roussier, crille, grivier,*

Soldat mendiant, *Narquois.*

Soleil (le), *Luisant.*

Sou (un), *Rond.*

Souliers, *Passifs, passans*

Soupe, Bouillante.
Sous (douze), Menée de ronds

Souteneur, Poisson, marlousier.

Suivre, Filer.

T.

Tabac, Treffle.
Tabatière, Trefflière.
Tante (ma), Mont-de-Piété.
Tapage, Harmonie
Taverne, cabaret, Piolle.
Tavernier, Piollier
Teigneux, Callots
Terre (la), la Dure
Terre, ce qui n'est point mer, le sapin des cornaus.
Tête (la), Tronche, baigreuse.
Tête de mouton, Tronche de morue.
Tôt, Tezière, tezignard, tezingand
Toile, Balouze.
Tomber, Défourailler.
Tout, Toulime.
Traître, Frollant.
Travailler, Maquiller.
Triompher, et tromper, Assurer.
Tuer, Rebâtir, érailler, basourdir, coffier, faire suriner.

V.

Vache, Cornante.
Vendre, Laver, solir.
Vent (le), le Gris.
Verre à boire, Glace, glacis.
Viande, Crie, criolle.
Vie (la), l'Asse.
Vigne, Calvine.
Ville, Vergne.
Vin, Pivois.
Vin blanc, Pivois savonné
Vin excellent, Fil en double.
Voiture, Vouet, roulante.
Voiture qui transporte les détenus, Panier à salade
Vol, objets volés, Chopin.
Vol (pris nanti du), être maron.
Voler, Grincher, bouliner, sauter, rincer. effaroucher.
Voleur, Dessardeur.
Voleur de bois, Sabrieux.
Voleurs d'outils, ceux qui volent des outils chez leurs maîtres, Courtaux de boulanche.
Voleur solitaire, Cagou.
Volés (ceux qui ont été), Marcandiers.
Vous, Vouzailles, vouzingand, vozière.

www.ingramcontent.com/pod-product-compliance
Lightning Source LLC
Chambersburg PA
CBHW060620100426
42744CB00008B/1449